安宁 /著

开往繁花似锦的春天

图书在版编目（CIP）数据

开往繁花似锦的春天 / 安宁著. -- 南京 : 江苏凤凰文艺出版社, 2017.7
ISBN 978-7-5594-0493-0

Ⅰ. ①开… Ⅱ. ①安… Ⅲ. ①散文集－中国－当代 Ⅳ. ①I267

中国版本图书馆CIP数据核字(2017)第116791号

书　　名	开往繁花似锦的春天
著　　者	安　宁
责任编辑	姚　丽
出版发行	江苏凤凰文艺出版社
出版社地址	南京市中央路165号，邮编：210009
出版社网址	http://www.jswenyi.com
印　　刷	河南省瑞光印务股份有限公司
开　　本	690毫米×980毫米　1/16
印　　张	14.5
字　　数	130千字
版　　次	2017年7月第1版　2017年7月第1次印刷
标准书号	ISBN 978-7-5594-0493-0
定　　价	28.00元

目录

CONTENTS

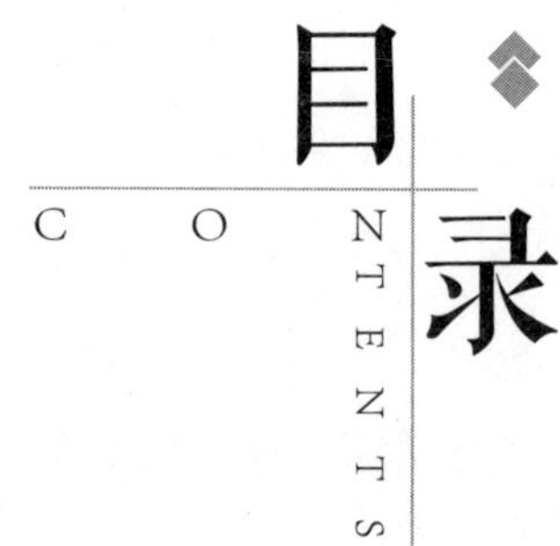

目录 CONTENTS

第一辑

幸福都是自找的

烦恼是庸人自扰，而快乐与幸福，
则藏在隐匿的枝叶之间，
等着有心的人路过时，
像采摘野果一样，
欣喜地将它们寻找出来，
并放入背后的行囊。

窥见你粗粝成长的弧度

朋友拍摄短片，我过去帮忙，给他挑选演员。是一部关于小孩子的电影，所以我们在一所中学门口，摆出星探的 pose，等着放学铃声响起，从水泄闸而出一样的 90 后里，挑选那些适合不同角色的演员。

我们很快从一群有着叱咤风云举止的男孩子中，锁定住一个目标。是一个神情淡漠懒懒散散的男生，书包的带子快要耷拉到地上去了，却还是不知不觉，一个人兀自向前走着，有不合群的孤单与骄傲，像极了朋友剧本里写的一个单亲家庭出来的男生。

我穿过重重的人群，将他及时地拦截在门口。他刚刚跨上单车，一只脚还踩着地面，看见我一脸的微笑，便停下来，按一下铃声，代替他想要说的问题。我像个骗子一样，拿出朋友的名片和剧本简介，说："我们要拍摄一部短片，想找演员，觉得你合适，不知你有没有兴趣？"他将名片随意地丢在车筐里，而后淡淡扫了一眼剧本的名字和内容简介。我很想知道他何时能够给予我们回复，他却没有成人的客套，只用一贯慵懒的语气回复我说："我看看再说吧。"说完也不等我闪身让路，便绕过我，吹着不知名字的口哨，混入了人群之中。

就在我和朋友对这个干什么事情似乎都不会起劲的90后小男生失望的时候，他突然打电话过来，也不问我们是否已经招满了演员，一副知道我们在等着他的样子，说已经想好了，答应出演我们需要的那个角色。

我有些为朋友担心，将这样一个重要的角色给这个明显没有团队精神的男生，假若他拍了一半，便任性不再来演，或者即便是参演，也漫不经心，那该如何是好？这种小男生，明显是不会对任何人胆怯，或者听从于任何人使唤的。朋友却摇头，笑说：“我看未必。”

短片很快进入了拍摄。无事可做的午后，我偶尔去探班，会看到那个被朋友叫作阿三的男生，在默记着台词，或者一个人对着镜子，排演着即将需要拍摄的情节。相对于其他男生的吵嚷与喧哗，他的安静有着让人觉得不可接近的距离感，我很难猜出朋友是如何一遍遍要求他将同一句话，在镜头前重复说上20遍，却可以始终没有一声抱怨。

我记得我完整地看过其中一段影片的拍摄。讲的是阿三所处的小团体为了各自的利益，牺牲了其中一个朋友的名誉，导致这个男生被学校开除，阿三在洗手间里，朝这些所谓的哥们儿吼叫。不知何故，我与周围的人皆觉得阿三已经演得足够投入，嗓子都几乎哑了，但朋友始终觉得缺少了几分的疼痛感，于是便让阿三一次又一次地重复着，最后，这一个短短两分钟的镜头，竟是耗费了一下午的时间才最终通过。拍摄完毕的时候，周围的人皆一脸鲜明的怨恨，说明明没有必要拍摄这么多条，差不多就可以了，又不是去拿什么国际大奖，不过是一个20分钟的短片罢了。

而作为这场戏主角的阿三，却在散场后，用仅剩的一点力气，嘶哑着嗓子，问朋友他是否是一个合格的演员。朋友像一个大哥，拍拍他瘦瘦的肩膀说：“阿三，你是我遇到的最棒的演员，真的。”在这句话后，我看到阿三微笑着躺倒在地上，闭上眼睛，竟是片刻，便起了轻微的鼾声。

16岁的阿三，和电影里的角色一样，出身于单亲家庭，父母各自有了新的归宿，他在母亲的新家里，有无所适从的恐慌，却是用冷硬的表情和轻狂的举止，掩藏住内心的孤单与对温暖的渴求。而一眼看穿了他的伪装的朋友，则用不着痕迹的关爱，让他慢慢地褪下那层坚硬的外壳，将一颗被冰冻了许久的热烈的心，捧出来，给值得他付出的人看。

短片的第一个剪辑版本出来的时候，我过去看。在小小的黑暗的放映室里，我在屏幕上又看到那个已经许久没有遇见过的阿三，他的第一个画面，竟是面对着镜头微笑的特写。那样浅淡的笑容，因为近到可以触摸，隔着时空看过去，总感觉有一丝的疏离。就像他原本应该满不在乎，应该在排练时跟朋友耍小孩子脾气，应该迟到早退，应该对微薄的报酬斤斤计较，应该嘻嘻哈哈，应该得意忘形，这才是90后的阿三，所应具有的表情。

但我还是从这样少有的微笑里，看清了这个小男生，在左冲右突的青春烦恼里隐藏住的柔韧的光华。是这样的温度，让他于最叛逆的少年时光里，可以如一株山野里的柏树，或者梧桐，旁若无人地生长，一直将那稚嫩的枝条，冲出藤蔓的缠绕，或者其他枝杈的阻碍，成为那插入蓝天的张扬的主干。

而这，便是像阿三一样孤单的少年，成长的粗粝的弧度。

与一株花树相视而过

我路过很多个地方，站台、村庄、小镇……我常常很快就忘记了它们的容颜，还有那些模糊不清的路人的面孔，但那些一闪而过的树木，却如一枚印章，印在我记忆的扉页，再也祛除不掉。

我记得有一次坐大巴，从家乡的小镇去北京，有八个小时的行程。是让人觉得厌倦的旅程，车上不断放着画面劣质的碟片，窗外是大片的田地，在晚春里，千篇一律地绿着。车上的人皆在枪战片的喊叫声里昏昏欲睡，我则看书，偶尔累了，才看一眼路边那些还荒芜着的山坡，或者赶羊吃草的农人。

而那片花树，就是这样映入我疲惫的视野。它们安静地站在路旁，接受着风雨，也迎接着沙尘。它们的周围是堆积的石块、砖瓦，还有日积月累吹过来的沙子、柴草。这是一片荒废掉的土地，生命的脉象气息微弱。而那几株花树，却如此生机地点缀了这片荒野。它们长在蓝天之下，并没有因为出身卑微，就辜负了这一程春光，反而愈发旺盛热烈地绽放着。

它们的花，有绢纸一样的质地，微微地皱着，似乎可以触摸到内里的经络。这一树花，竟是有白色、粉色与紫红三种颜色。它们在阳光下争先恐后地繁盛着，吸引着远道而来的蜜蜂、蝴蝶，还有我们这一车路人的视线。

我很快拿出了相机，“啪啪啪”地拍了很多张照片。旁边便有人说：“今日这些花朵，明日就全谢了，也只有在你的相机里才能长久。”我不解，他细细讲述，这才知道，这种绚烂的花树，名叫木槿，也称扶桑，此花朝荣夕衰，但旧的凋零，即刻有新的补上枝头，所以在整个春夏之日，路过此地的车辆，总不会错过它们这一场美丽的花期。

我一直觉得，它们是为每一个路过的旅客而生的，它们站在天地之间，用最盛烈又最朴质的姿势，给每一次注视温暖的慰藉。这样的慰藉，是双向的。我相信我那一眼的惊异，也曾为这几株孤单的木槿，以及那些只有一次生命的花朵，注入过点滴的勇气与信念。尽管，木槿本身所代表的就是坚韧永恒的美。

我也记得在一些火车只停留一分钟的小站上，会见到一株株向上寂寞伸展的法桐。它们灰褐色的枝干，沉默着冲向那暗灰的天空，犹如一个寡言的男人，背负着俗世中的责任，一言不发地前行。

如果是夏日，它们密实的枝叶会给那些生活枯燥单调的小站服务者，最切实的荫凉与安慰。它们阔大的叶子，承载着这个站台火车穿梭而过时留下的尘灰，还有那剧烈的哐当哐当声。这是一种胸怀极为宽广的树木，它们不仅生长在旷野，更葱郁着城市。它们吸附着人类排解的垃圾，却吐露着洁净的绿色的空气。而且，一旦在城市扎根，它们便努力地向上向下伸展，试图将那野性的生命，注入嘈杂喧嚣的人群。

而在冬日的旅行中，它们那裸露的遒劲的枝干，则同样温暖着旅人无处可以安放的视线。它们的科属是悬铃木，很美的名字。可以想象，在冷寂的冬日里，它们挺拔地站在薄凉的阳光下，每一个枝干上都悬挂着乖巧的“铃铛”，犹如圣诞树上挂着的糖果。风吹过时，它们在风里发出微微的响声，只有细听，你才能分辨得出，哪一种声音才是那些可爱的小球发出的絮语。

城市的四季，就这样从它们手掌一样向上托起的枝干上滑过，犹如一叶轻舟，滑过江心的微波。而人的生命，也在与这些绽放或者不绽放的树木的注视中，穿过一重一重波澜起伏的春秋。

原木之爱

很小的时候，被外出做工的父母丢在家里，常会觉得恐惧，像是有飘来荡去的鬼魂，出没在橱柜的阴影里，花盆的泥土枝杈中，老式八仙桌下纵横交错的蛛网间，或者是塞满了白菜土豆的黑洞洞的床底。每每觉得害怕，我最常做的，就是躲到家里盛放衣服和棉被的橱子里去。那里是我最温暖的港湾，我躺在层层的棉被之上，一边嚼着甜甜的姜丝，一边听着外面的青石板街上杂沓琐碎的人声。我能够清晰地分辨出哪是父母的脚步，哪是隔壁谭阿姨哼的小曲。这些远远近近的声音，像傍晚洒满阳光的波纹，一漾一漾地，我便在其上睡着了。偶尔，会听到有陌生的人来敲门，问有没有人在家。我每次都会从梦中惊醒过来，吓出一身冷汗。但并不敢动，只是贴得橱柜愈发地紧，又用母亲的衣衫蒙了头，屏息凝神地听门外的动静，直到那急促的敲门声止住了，院子里再一次陷入天长地久般的寂静里去。而我，在原木的散淡清香里，又渐渐还原至惊惧前的疏懒，沉沉地倒头睡去。

有时候父母回来，四处寻不到我，发了急，而我却窝在柜子里，暗自掩嘴嬉笑，直到母亲快要哭了，我才悄无声息地打开柜门，蹑手蹑脚地从背后抱住母亲，将她吓得大叫一声。这个秘密，母亲并不知道，我从没有告诉过她，我在橱柜里，怎样放任着想象，将所有看过的、听来的故事，杂糅在一起，创造出一个与齐天大圣一样能上天入地的精灵。更重要的是，这个精灵可以给我安抚，伴我入梦，将那些独自一人的漫漫时光，缩短，变淡，直至像我腮边的泪痕，了无踪迹。

是的，我如此固执地喜欢着橱柜里隐秘的时光，感觉时间在此，像是长了翼翅，飞一样便载我度过了孤单无助的时日。就连那些突如其来的造访者，在屋檐上发出诡异叫声的猫，风漫过树梢时寂寞的嘶鸣，天色渐暗时穿堂而过的老鼠，我都不必再怕。不大的橱柜，足以将这所有的一切，统统挡在门外。我只从橱柜的缝隙里，便可以知道，外面的光淡下来了，人声，亦不再鼎沸，而母亲，也快要回来了。

我整个童年的记忆，似乎都与这个充满了好闻的樟脑香味的橱柜，交织在一起。我记得我在里面嚼过的槟榔、嗑过的瓜子、啃过的香瓜、翻过的小书。偶尔没有零食可吃，也无书读，我会将机器轧好的长长的面条，捏上一束，漫不经心地嚼上几个时辰。那种“咯吱咯吱”的脆响，像是寂寞啃噬的老鼠，在记忆中长长久久地遗留下来。我甚至记得那些在其中做过的梦，彩色，或者黑白，带着一股枣花的甜香，和木质的纹理，影像般定格在年少的底片上。

那个橱柜是父亲亲手做成的。枣木很硬，要做成结实的家具，就要费很大的力气，经过很多道工序，所以父亲求过许多的木匠，都没有人愿意来做。最终，父亲选择自己动手。记得他砍枣树的那天清晨，我仰望着深秋里已经疏朗的枝干，和上方明净的天空，突然觉得鼻子很酸，想着再也不能爬到树上，去尽情地找寻那些熟透的红枣了，再也不能在八月的午后，将脖子仰得酸了，只盼着看那透亮的枣，在母亲挥舞的竹竿里，啪啪掉落下来，砸得我的脊背丝丝鲜明的疼。

但这些感伤，很快便被解木刨光的父亲的热情，蒸发得无影无踪。我会碍手碍脚地帮父亲拉锯、烧火，或者，只奉上自己不着边际的自言自语。父亲将枣木解成大板，放入大锅中，用沸水蒸煮了三天，然后码放在室内，让其慢慢地自然风干。风干的过程，持续了一整个冬天，最后，我终于不耐烦了，父亲这才不慌不忙地用刨子一遍遍地打磨，直至那些细腻唯美的花纹，花儿一样在院子里铺陈开来。我喜欢用手温柔地抚摸那些纹理，感觉里竟像是丝绸，如此的滑润与柔美，一寸寸，看得见昔日蜂飞蝶舞的粲然光阴，和那累累硕果时的喜悦时日。

父亲说，枣树是最让人钦佩的一种树，它们可以漫天遍野地生长，不挑旱涝，不计人爱。枣花酿出的蜜，是蜜中的上品。枣能实用，亦能酿酒，而坚实的枣木，则因虫不蛀、纹不裂、色极美，成为旧时做车轮车轴的上上之选。拿来做家具，则实在是委屈了它。我不明白，便问父亲，如此好的枣木，为何木匠们不愿意来做呢？父亲便笑着刮刮我的鼻子说："只有像我们这样，有耐心经历一道道繁杂工序的人，才能见到最后漂亮的衣橱呢。"

衣橱完成的时候，已经是又一个秋天。我对其膜拜的一个仪式，便是躺在依然可以闻得见细细香气的衣橱里，微闭上眼，美美地睡上一个小觉。醒来时，我的头上已经挂满了五颜六色的衣服，它们像猎猎彩旗，在秋日的风里，将那一株枣树十几年的旧梦，扑啦啦地一一卷过。

后来我便离开了家，去了很多个地方，但不论走到哪里，我最先去买的，便是一个小小的橱柜。我买过可以折叠的塑料橱柜，散发着浓重油漆味又常常爬出小虫的木质橱柜，还有那种过不了一年便生出裂纹的拙劣橱柜。但不论我花多少钱，都再也买不到手工做成的橱柜的感觉。这个遗憾，像是经年的旧习，天长地久地便成了一个无法愈合的裂痕，深深地嵌入你的记忆，让你以为，它们从一开始，就是长在那里的。

再后来，我也有了自己的家，我花费了几万元来装修自己的房子，又买了与之匹配的昂贵的衣橱。我也曾想过把那个枣木的橱柜，千里迢迢地搬到自己家里来，以便将儿时的那个梦，绵绵地延续下去。但却遭致包括父母在内的许多人的阻挡和奚落，他们皆道：多么土的样式，多么笨重的木头，现在还有谁像你一样恋旧到如此不论和谐的地步？

我想了许久，终于忍痛放弃。或许，让那一个青烟缭绕的旧梦，暂且锁在原木的清香里，方是最合适的缅怀方式。只要，我依然记得，记得那段将自己闭锁在柜中的时光，记得我所有的梦与爱恋，记得手工时代的朴质与忍耐，这就足够。

而旧梦本身，就这样在回忆里，像那原木的家具一样，于时光的打磨中，渐次绽放出迷人的光华。

风景划过静寂生活

那年我刚刚大学毕业，在北京的一家公司做文字工作。因为薪水太少，租不起贵的房子，便住在最便宜的地下室。而为了尽可能地节省车费，则会早起半个小时，以便走一段路去乘坐公交，而不是近在眼前的地铁。

这样的生活，搅缠上并不怎么喜欢的工作，便让我整个的身心，都觉得疲惫孤单，且无助。周围的同事皆神情淡漠，从不关心人的私事，亦不想关心。大家只埋头做事，至于谁头疼脑热，情绪不佳，谁家人生病，需要请假陪护，谁被领导批了，需要安慰，无人会去关注。小小的格子间里，人与人之间，小心翼翼地行走，偶尔碰撞到，便倏地躲开去，似乎，怕被彼此窥去了提职加薪的私密。

我那时是个生手，因为工作的不熟悉，一切都要靠自己摸索。没有人伸出手来，给我点滴的帮助。常常下了班，别人都已经走光，我还在为了一个文案，一次次地修改、完善。那时已是深秋，傍晚的风，自窗户里旋转着吹进来，将天蓝色的窗帘吹成一朵蓬起的荷花，只不过，是要凋零且有衰颓色彩的残荷。偶尔，走廊上的风会吹开门，而后将桌上的纸张，哗啦啦地吹落到地上，或者席卷到门外去。

每每此时，总会有一个比我年长的男人，一张张地帮我捡起，而后温和地敲几下门，示意我将之拿回去。这是个笑容温暖、衣着素朴的男人，我一度以为，他是公司里与我一样身处底层的新人，或者，是那些来去自由的保洁员、电脑维修工。因为他温厚友善的举止，总是让我将之与格子间里的同事，自然地区别开来。所以当他一次次为我捡起文件，或者悄无声息地帮我关掉走廊上的窗户，我都只是微笑着道一声谢谢，并不曾想对他有更深一层的了解。

后来有一天，我在公交站牌边又看到他，双手插在裤兜里，正轻松地吹着一首曲子，唇边依然漾着微笑，那微笑似有一抹清香，若有若无地飘散过来，将我轻轻地环住。他显然也是在等公交。正是下班的高峰期，接连开过去两辆车，都因为人满为患，到站未停。许多人都在焦虑抱怨，时不时地抬起手腕，看一下宝贵的时间。而他，则吹着那首节奏明快的曲子，看着路上流来流去的风景。眼睛里，始终不曾有过丝毫的烦乱与厌倦。

我略带好奇地走过去，与他打一声招呼。他看一眼神情倦怠的我，便开玩笑说："看，你脸上的烦恼刮下来，能捏成一个活灵活现的面人呢。"我终于被他逗乐，问他："你的眼睛，究竟看到了什么，可以让你一连被几辆公交落下后，依然这样喜悦地歌唱？"

他的眼睛瞬间像点燃了一盏灯，有比刚才更明亮的光彩。他指指路上行色匆匆的人群，说："你仔细观察，就会发现身边的每一个点滴，都是一个电影的镜头呢。"我不解，他便指着人群，一点点地解释给我："你看，那个在小车里熟睡的孩子，他的一节小腿，像新生的莲藕一样结实有力，或许此刻，他在梦里，正奋力拔节呢。还有那个一脸浓妆艳抹的中年女人，卸妆后会不会还有这样昂扬的自信呢？而刚才那辆车里一边打电话一边掌方向盘的中年男人，心底定是骄傲自负的，总觉得世界缺少了他，连车轮都转不起来。至于你这个愁眉苦脸的女孩子，如果让你去演电影里被爱情围追堵截、找不到出口的女孩，定是连化妆也不用的。"

我终于被他这最后的一句，逗得前俯后仰。笑完之后我问他："你究竟在公司里做什么工作？"他眯眼笑看着我，说："肯定是个不足为外人道的小职位，否则，怎么会被你视作可以忽略不计的空气？"

我是在几天后的公司集体会议上，再次看到他的。彼时他在主席台上，与公司的领导骨干坐在一起，神情里依然带着笑，自信，平和，从容，洁净，又柔韧无比。他原来是被公司重点培养的中坚力量，而他的幽默、风趣、豁达与宽容，一度让公司的许多女孩子，迷恋不已。

而我，却是因为一味斤斤计较于自己的小悲伤，而忽略了他曾经告诉过我的，那些在生活的表面，亮丽多彩的风景。

我在一年后，终于寻到一份喜欢的工作，离开了那家公司。但我却再也难以将他忘记，就像在此后的行走中，不会再忽略掉任何可以让生活丰富灵动的风景一样。

少年在潮热的午休里醒转

我一直记得秋，年少的时候，站在我家门口的大槐树下，怯怯地朝门内张望。黑白分明的眸子里，既有暗涌的渴望，亦有淡淡的疏离，似乎，那种遮掩不住的艳羡，其实她根本就是不屑一顾的。而我那时，正蹲在院子里的青石板上，用父亲从城里买回来的漂亮的儿童牙刷，仔细又骄傲地刷着牙齿。

那是夏日的清秋，阳光稀疏地从密实的树叶间洒落下来。空气，似用清凉的井水冲洗过的，有细细的小风，一股股地吹过来，将我口中牙膏的芳香带走。我喜欢将整个刷牙的过程，长长地拖延下去，直到母亲一遍遍地过来催我，早早吃完饭跟她去幼儿园。可我带着嘴角的泡沫，转身离去的时候，还是不会忘了用眼角的余光，瞥一眼不远处的秋。如果她在，我的早餐定会吃得香甜，连素来烦厌的鸡蛋，亦会变得可口。而若是她已在我不注意的时候，悄无声息地转身走了，那么，我定会无故地朝母亲发脾气，又推托身体不适，不跟她去幼儿园。没有人知道小小的我，心底竟会泛起忧伤。我将秋当成了我的影子，我希望她每日都能忠贞地守在我的身后，仰头看我在花丛里翩翩起舞，一旦哪一日她漠然地转身走掉，那么，我的世界，将只剩下阴霾。

那是我的一个秘密，我将它小心翼翼地藏在心里，对谁都不肯讲。母亲是幼儿园里的老师，可她并不明白，为什么我在玩耍的时候，总喜欢跑到校门口去，装作若无其事地朝来时的路上张望。那里有许多大人，扛着工具，三三两两地走过；也有不知谁家的小狗，在闲闲地溜达；或者是父亲从城里下班回来了，脸上溢着笑，一路叮叮当当地骑车过来，接我和母亲回家。但这些，都不是我所期盼的。我只希望那弯曲的小路上，会有秋，穿着松松垮垮的短裤，踩着大大的凉拖，飞跑过来，而后在离学校不远的路口处，停下，静静看我们在校园里跳舞唱歌，或是跟着母亲念朗朗上口的唐诗。只有那时候，我觉得幼儿园里的时光，才是有意义的，一分一秒都如一块透明的水果糖，在阳光下看过去，有温暖诱人的光泽；而一旦含到口中，则是沁到心底的甜。

我从来没有问过秋，当她这样看着的时候，究竟有没有注意过那个像猴子一样，在人群里蹿上跳下的女孩？她戴了粉红的蝴蝶结，穿最耀眼的小裙子，跑起来的时候，爱高声尖叫，似乎要向每一个人证明，幼儿园是她们家开办的。而她自己，当然是这里最高贵的公主。

我一直以为，秋在我的张扬里，会永远沉默下去，可还是有一天，我在老师的办公室里，遇到了秋。她正很大声地唱一首歌，是母亲刚刚教的。一屋子的人，皆漫不经心地捧了茶杯，说着闲话，并没有谁停下来，刻意地去注意秋，除了母亲。等她唱完了，母亲怜爱地拍拍她瘦弱的肩膀说："秋，如果你喜欢，以后就来旁听吧，学费可以不用交的。"而我不知为什么，却是很霸道地一把将秋撞开去，而后故作娇羞地趴到母亲怀里去，又拿一双略带敌意的眼睛，挑衅地看着秋。秋淡淡瞥一眼得意扬扬的我，没吱声，而是给母亲道声再见，转身走了出去。

秋在第二天，便来了学校。依然离我们远远地，坐在教室的最后一排，没有书包，也没有文具，只安静地盯着母亲，看她在小黑板上，写下那些她向往着的美丽的文字。母亲教孩子们拉起手来跳舞，她也只是孤单地站在边缘，从不靠近。没有一个人欢迎她，但每一个人的脸上，又都因了她的出现，有着无法掩饰的欢喜。秋的到来，像是一盏台灯，倏然打开，便将光与影截然分割开来。但妈妈却是喜欢秋，每每做游戏，都要过去温柔地拉起她的手，让她与我们一起做。那时的秋，常常会羞红了脸，因为激动，不过跳了片刻，便已是气喘吁吁，鼻翼上有点点汗珠，在阳光下闪烁。那一刻，我觉得，被母亲右手牵着的秋，已然代替了我，成为这个群体最明亮的星辰。

但秋并没有因此而来讨好于我。她从来都是一个人来去，没有书包，也不与我们这些“有包族”同行。她走在队伍的最后，像一只落单的鸟儿，只是没有声息。我曾经不满地质问母亲，为什么要让秋跟我们一起呢，她明明连文具盒都没有。母亲便笑着说：“那小美为什么不把自己用旧了的文具盒，送给秋做礼物呢？”这是我从没有想到过的答案，我只是想让母亲将秋赶走，而母亲却柔声给了我另一个解决的途径。我当然是不舍，可当母亲将我的一套旧了的书包与文具找出来时，我的心里突然有了一种居高临下的悲悯和同情。

我当着全班同学的面，将那套文具送给秋。秋在一片掌声里，第一次勇敢地迎着我的视线看过来。我看见秋大大的眼睛里，竟浮起了一层浅淡的水雾。我在母亲鼓励的微笑里，很认真地对秋说：“秋，以后，你可以和我们一样了。”秋的眼泪在这句话后，终于哗哗流出来。

那是我与秋，唯一一次心与心的碰撞。那之后不久，我与母亲便随父亲搬去了县城。听说秋在母亲的帮助下，一直做了四年的旁听生。后来，终于因为她父亲的病逝，为了更小的弟妹而外出打工。那一年，秋 14 岁，而我，刚刚读完小学。彼此的童年，在时光的调色板上，不管是黑白，还是彩色，都悄然画上了句号。

此后的我一路顺风地读书，而秋则失去了消息，只偶尔得知，她在离家很远的深圳，一直不停歇地打工；就像，我一直不停歇地用父母的工资，四处游玩。我以为，童年时便没有交集的我们，再不会相遇；或者，即便是相遇，我们也已经形同陌路。谁也没有想到，时光却在 16 年后，给我们安排了一次意外的相逢。

那时我已经在省城，有了一份稳定又高薪的工作，刚买了房子，正打算让父母搬过去同住。是个夏日凉爽的清晨，蝉还在梦乡，我早起下楼去买早点，在拐角的小摊上，便遇到了秋。说不清是谁先认出了谁，但彼此在看到对方的那一刻，却是不约而同地叫出了对方的名字。似乎我们从没有走远，依然像儿时那样，在明暗相接的地方，默默注视着彼此。

我们坐在人群寥落的小摊上，谈起在记忆深处兀自生长的童年。我以为在秋的心中，我不过是个自私霸道又高傲张扬的丫头，不曾想，秋却说，我一直都是她仰慕渴盼的童话，不可能实现，但又如此热切地盼望会出现奇迹。秋说："你知道吗？小美，你的身上有一种奇怪的光芒，它引领着我，让我不顾一切地想要靠近。我为此去求你的母亲，希望她能将我收下，跟你一样唱歌跳舞读书写字。我站在你家门口，偷偷地看你刷牙，只因为，我希望上天能将你所拥有的幸福，借我一天。当我被你母亲握着手的那一刻，我觉得我握住了自己一直想要的生活。所以当后来你对我说，我与你一样时，我竟感觉生活真的向我敞开了窗户……"

关于现在，秋只轻描淡写地说起自己即将结婚，对方是个做小本生意的男人，无法在深圳给她一栋房子，但却可以给她一个温暖的家。她沿着我从没有珍惜过的生活，一点点地找寻，最终却发现，我所拥有的，上天并不肯给她。十几年的执拗追寻，不过是一个奢侈又遥远的梦。

至于在追梦的十几年里，秋又历经了怎样的生活，有过怎样的辛酸，吃过多少的苦楚，秋自始至终都没有提及一个字。似乎，中间那漫长的一段路，于秋不过是一段潮湿燥热的午休，醒转来，窗外依然是那个蝉鸣阵阵的夏日。

但我与秋还是知道，一切都不一样了。16年前那个夏日，我们早已回不去了。秋踩着我的脚印，寂寞地走了这一程，终究被我丢下，有了迥异的人生。

不安曾经席卷而过

学生小寒问我，是不是走出了校园，人就再也不会自卑，更不会胆怯什么，一切都是牛气冲天的模样，脸上的自信掩饰不住，也阻挡不了？她还拿我举例，说：“老师在讲台上滔滔不绝的样子，让我们觉得你就是一个可以主宰自我的女王呢，不要说什么无边的烦恼，它们见到你根本就是一副敬而远之的畏惧模样。”

我笑，问她是否看过池莉的《烦恼人生》，又是否理解这四个简单的字里，所包含纳括的全部的人生哲理。她摇头，而后又问：“难道是说所有人的一生都会充满烦恼吗？如果这样，那我们所做的这些努力，包括花费十几年去读书，而后为了寻找工作不断地考各种的证书，晋级，甚至是找一个前程与钱程俱备的男友，岂不是都成了无用功？反正都是要有烦恼的，不如放宽了心，等待它们一一列队过来，慢慢折磨就是了。”

小寒而今的烦恼，用她自己的话说，是五彩斑斓的，犹如一朵绽放的罂粟，看上去很美，殊不知里面是吸食后可以慢慢致死的毒药。她以为考入了大学，一切就可以像当初老师们说的那样，能够自由地恋爱，可以想睡到什么时候就睡到什么时候，再也不用担心考试的名次高低，父母也不会耳提面命地提醒她要为前程头悬梁锥刺股，还有那些网友们，可以正大光明地畅聊到天亮。

但是进来后才发现大学并不是想象中的天堂。这里照例有班主任，还多出了一个总爱板着面孔的辅导员。从周一到周五，跟白领一样，都有课程安排，即便是有一天可以无课，也不能够休息，学院里各种各样的活动都需要“座席”，而且，明明是可以自由选择的讲座，也需要点名，明摆着就是来让自己凑人数的。宿舍里要评比，上课回答问题要计分，自己喜欢的那个男孩总是被一群大胆的女孩子团团围住，并毫不掩饰她们的痴爱，羞涩内敛的她，常常连靠近了闻点“草”香的机会都没有。那些无形有形的比拼，关于容貌，关于老师的宠爱，关于在学院里的发言权，更是激烈残酷。小寒本想做大学里与世无争的“居士”，但发现这只是一个美好的幻想。她不想争抢的一切，周围的人却逼迫着她去争去抢。到最后，她突然对大学的生活，生出了胆怯与畏惧，不知道继续向前走，一直到进入社会，是否都会如此惶恐不安。

小寒说，老师您会畏惧什么呢？您已博士毕业，不会再有继续追求学历的痛苦。您还有了房子，和让我们羡慕的老公，听说他天天为您下厨做饭，毫无怨言。或许过不了多久，您就能顺利评上副教授，到时声名荣誉，纷至沓来，您就是站在光环里的，别人想夺都夺不去，全都是仰慕崇敬的视线。世界上所有的好，简直都给了您呢。

我想说些什么呢，关于我自己。告诉小寒，我正在装修的房子，因为与装修公司出现了矛盾，而停滞下来，我想象中的可以收纳我忧伤的居所，现在正在寒风里大张着嘴，像一个嗷嗷待哺的婴孩？或者告诉她，我每天为职称和领导的认可而烦恼，我所雄心勃勃想要实现的那些理想，在现实面前，不只是软弱无力，而且有滑稽可笑的容颜？再或试图让她明白，我为继续写作安享两个人的独立时光，还是选择生下一个孩子，将自己陷入奶粉尿布和乱哄哄的哭闹中，内心日日挣扎苦痛？

但这些在还是青葱明媚的小寒那里，又会得到多少共鸣与同情呢？她甚至在菜市场的拐角处，遇到暗恋的那个男老师，手里拿着一把芹菜的时候，心底生出了鄙夷与不屑，恨这样风华正茂的一个男人，被家庭的琐碎与庸常捆缚住，而不能够逃脱。她也未必明白已是大学老师的我，还要跑到夜市上，为新家挑选那些便宜的小家具。她想象中，我应该是过着咖啡洋酒一样的小资生活，而那种为了省钱在家煮面炒青菜吃的简朴，不可思议，也毫无美感。

我最终逃避了这些问题，反问她的父母、她的亲朋、她的那些年长的表哥或者表姐，他们都是走入社会的人，是不是像她想象的那样，离开了校园，便拥有了某种可以正视这个世界的力量，会不会偷偷地哭泣，或者当众发火，再或有远比她更甚的恐惧与绝望？如果有，那么她就能够明白，我们漫长的一生中，总是充满了形形色色的隐喻和暗喻，烦恼犹如繁盛的水草，或者泥淖，你小心翼翼地避开它们，才能够让生命的舟楫，可以畅通无阻地行驶到想去的地方。

小寒对这样的哲理，大约是半懂不懂的，她的眼睛里依然是一半迷茫，一半忧伤。青春里的迷雾，在那些烦恼的水草之上弥漫开来，将她想要的去路，暂时地遮掩。

我知道她真正需要的，不是我，亦不是某个知名的心理医生，而是可以医治那些曾经席卷过我们每一个人的不安的时间。

也唯有时间，可以催熟枝头青涩的果实。还有，它们对于下落的恐慌。

落“音”缤纷

每每做梦，回到童年，总会有个好听的童声在耳边唤我：小喇叭开始广播啦！那是与外面的世界最初的联系。一根看不见的线牵引着我，将那斑斓的梦，放飞到大山的外面。那些声音讲述出的故事，是有魔力的精灵，落在我的心底，不过瞬间，便绽出缤纷的花朵。是芬芳的大朵的山茶花，漫山遍野地开着。或者袅娜的茉莉，于无人注意的角落里，羞涩地吐露浅淡的清香。

那些美丽的童话故事，像是一个个闪烁的珍珠，在时光的沙滩上，等我一一地将它们收藏。我曾经因为听得入迷，趴在桌子上，盯着那个丑丑的大黑匣子，看到暮色四合，炊烟渐起，但还是没有弄明白，为何这个面容古板的匣子里，会藏着如此多美妙神奇的故事。是母亲的阻拦，才没有让钻牛角尖的我，将整个收音机拆到七零八落，只为找到那个被恶毒皇后用苹果毒死的白雪公主，将她成功解救出来。

买不起书和画册，亦不到读书上学的年龄，但那敦实的匣子，却给了我最美妙的童年，让我蹲在门口，等待姐姐上学回来的时光，不再漫长无边，寂寞难挨。可惜，这样摇曳多姿的时光并没有停留太久，我很快便与姐姐一样背起书包，开始将那些听来的故事一一在课堂上印证。书本的魅力，迅速地超过了那笨拙的匣子。及至后来有了电视，我几乎将它完全地忘记。

声音的迷幻色彩，就这样渐渐地散去，是一场高考，让我穿越没有硝烟的战场，重新回归那片宁静的绿地。我记得读大学后的第一件事，便是去买了一个小小的收音机。那时候大学里流行听 VOA 和 BBC，每天清晨或者下午，总会在小树林里，看到一些带了耳麦的学生，边神情专注地听着，边口中说着方言味浓郁的英语。后来每每看到与疯狂英语的“教主”李阳有关的新闻，我总会想起那些阳光明媚的清晨，在花香鸟语里塞住双耳，苦读英语的身影。

尽管每次过级，英语都磕磕碰碰的我，志向并不在此。我喜欢每晚宿舍里的女孩子们叽叽喳喳地讨论着那些娱乐八卦的时候，插上耳麦，听那些熟悉的声音，在耳边温柔地响起。常听的节目，是当地电台一个叫“老式汽车”的节目，还记得男 DJ 的名字叫汪洋，声音暖暖的，像是邻家的大哥，许多小女孩都被他迷住，只为亲耳听听他的声音，每天都会等最后十分钟的电话点歌祝福。而我，也曾走过那样疯狂迷恋一个人的青春，打不起热线，我便写信，在生日的那天，点一首经典的老歌，送给自己。信写得很长，我几乎用了大半的篇幅，来描述自己对他节目的喜欢，还有想象中他的模样。他很破例地将我的信读完，并在那首有些感伤的《祝你生日快乐》里，对我说：“安，希望这首专为你点的歌，能伴你进入最美的梦乡。”

那个梦，我做了许久，醒来便已是人心惶惶的毕业。携着厚厚的简历四处奔走，再没有心思静下心来，让那些熟悉的老歌，或是夜晚柔软的絮语，浸润我疲惫奔波的灵魂。已经是互联网时代，想要听歌，随意打开听歌软件，便可以无限量地下载，而那些蕴藉心灵的文字，亦没有耐性听人去读，电影、电视和上网，占用了我所有的时间。也曾想过关闭窗户，打开双耳，让声音涤净一路的灰尘，却发现，工作的喧嚣已经将那些声音，远远地盖了下去，想要穿越那片嘈杂，竟是如此艰难。

我以为自己会一直这样，在城市的机器轰鸣里，失去曾经拥有过的那段寂静淡定的时光；与许多人一样，为了生计与房子，丢掉那走得太慢的灵魂；在闭塞的物质空间里，将自己削成带刺的针，呼啸着冲向美好的“钱”程。也曾在拥挤的公交里，听到广播里男女 DJ 调侃着，说笑着，八卦很是精彩，歌声也婉转动听，可是，我却了无读书时的心境。那种只有一个人，塞上耳麦，安静享受的寂寞时光，似乎连影子也寻不见了。

后来有一天，我乘坐火车去一个陌生的城市，窗外是明灭的灯火，服务的车警轻轻走过来，将门带上。走廊上的灯倏然熄灭，暗夜中，瞥见对面床上的女孩，插上耳麦，打开小小的收音机。旋即，有班得瑞的曲子在小小的空间里飞出。不知道火车究竟在哪个城市的边缘穿过，偶尔，收音机里的曲子，会被吱吱啦啦的声响覆住，或者，犹如魂灵般，突然游走至另一个频道。但总有一个温柔的女子，在曲子结束的时候，寻另一段天籁般的音乐，一下下地来叩你的心门。那是北京的一个午夜音乐栏目，是纯粹的音乐，即便是有人的声音，也是远远的背景，像夜色里一堵墙下的私语，或者某个拐角处女子的啜泣，低低地，时断时续着。

这样不知过了有多久，歌声行将结束，女孩翻身，在微弱的灯光里，我看见她诧异地捂住嘴，而后将耳麦的另一端，急急地插在收音机上。而我，看着这个粗心的女孩，却是笑了。或许，她永远都不会知道，那个晚上，她无意中忘了插上耳麦，却给我带来怎样奇妙的温柔。是那些歌声让我知道，我依然可以像儿时那样，守住一段声音，便如守住了一个美丽的梦。

而有梦在，我的人生还有什么可以惶恐，或是忧愁?

幸福都是自找的

在校园里，看到两个后勤工人，刚刚拉完一平板推车货物，满头大汗，衣衫尽湿，神情里满是疲惫。但却有着许多青春学生都不曾有的快乐。其中的一个，像一头嚼着草的老牛，在傍晚温柔的光线里，拉着他最后的一点担负——他的同伴，悠闲前行。而在与地面几乎平行的四轮平板车上的同伴，则时而轻松地吹一支愉悦的小曲，时而伸展开双臂，又向后踢出一条腿，做出鸟儿飞翔的姿势，时而像校园里时尚旱冰队的学生，单脚不断地踩踏着地面，嘴里哼唱的，亦改成了快节奏的 Hip-Hop。

这样两个衣着满是泥灰浆的年轻工人，在朝气蓬勃的校园里，有些不搭调的另类。像是光鲜的鸡尾酒会上，突然挤入两个灰扑扑的清洁工人。可是他们那种流光溢彩的怡然与快乐，在一本正经的人群中间，还是如此快地就成为路人瞩目的焦点。但他们却是一副与任何人都不相干的样子，哨声悠扬，轻快的脚步中带着一点慵懒，周围的亮丽与喧嚣，在此刻，都成为无关紧要的风景，或者草原上渺渺的雾气。他们行在其中，愿意卸下所有的重负，放任一颗心，在这不多的自由时光里，自寻一点快乐，收集起来，放进灯笼里，提着信步走回居住的巢穴。

又想起一对年轻的情侣，刚刚结婚，手头没有钱租住环境优雅靠近公园的房子，只好在火车站旁，找一处十几平米的小屋，作为婚后暂时的栖息地。周末的时候，单身的我常常被他们邀去共吃一顿午餐。房子小得只能让我坐在床边上，闲闲坐着看他们两个人热情地忙碌。我想要插手，却是无空可以插入。电饭锅放在门口，咕咚咕咚地冒着气泡。书桌上是满满的书，床底下也塞的全都是箱子。地板是铺上的蓝白格子的硬皮纸，因为与地面之间存有空隙，踩在上面，常会“扑簌扑簌”地响。闭眼细听，像是行在铺满落叶的山林之中。

窗外是一座没有多少草木生长的大山，山脚下便是这个省会城市最大的火车站。几乎是每隔十几分钟，便会听到火车呼啸开过的声音。而当两辆火车擦肩而过的时候，那样巨大的声响，常常会让房间里的床与地板，都跟着晃动起来。我站在床上，看外面高远天空下吐着烟雾的巨大烟囱，还有长虫一样蜿蜒远去或者前来的火车，站旁高高低低的楼房，常会感慨，进而问一句说了许多遍的话：你们在火车的轰鸣中，都会做些什么？

我一直觉得，如果让我蜗居在这样小的房子里，听轰隆的车声，神经定会衰弱到夜夜失眠，并对一切静寂之下的风景视而不见，连带地会脾气变坏，觉得一切皆不如意，有想要破坏东西的暴躁。

可是他们的回答却总是让我的心里生出温暖与柔软，并伴随着对同为女子的她的微微的嫉妒。周末闲暇的时候，她会站在床上，远眺窗外的风景。他在她的身后环拥着，每次听到火车轰隆轰隆地疾驰而来，他便让她闭上眼睛，而后像泰坦尼克号里的男女主人公一样，她伸展开双臂，迎着窗外吹进来的猎猎的风，听他这个导游，讲解他们现在正在抵达的风景。有时他会带她去山水秀丽的云南，有时他会将她领至牛羊成群的呼伦贝尔大草原，有时他又会带她坐老式的绿皮火车，周游陌生的边疆。还有时候，他会将那轰鸣的声音，想象成飞机，他说，亲爱的宝贝，飞机正飞翔在无边的大西洋上，我想将蔚蓝色的海洋，化成一颗宝蓝色的玛瑙，捧来送给我的公主。

这样的浪漫，他们乐此不疲，就像那每日乐此不疲穿梭来往的火车。大山上吹过来的风，将淡绿色的窗帘呼啦啦地吹起，犹如大鸟的翼翅，载他们飞翔。而这样闭上眼睛就可以飞越千山万水的快乐，则让他们的爱情，一日日地，在小小的房子里酝酿，发酵，最后成为一坛让过往行人嫉妒的美酒。

想起曾在旅行中，看到的那些火车站旁的楼房，从高高的楼顶上飘下来巨大的横幅，上面写满了抱怨与愤懑，希望能够有人给他们一个安静的没有喧嚣的环境。也曾走过高雅的写字间，穿着时尚的高级白领，在照得见人影的大理石地板上，蹙眉急匆匆地与我擦肩而过。

我们在这个充斥着噪音与喧嚣的城市里，常常无处可躲，而那些小小的快乐，也总是被密集的烦恼挤压着，无法像水壶里的沸水，冒出幸福的泡泡。可是总有那么一些人，在我们急吼前行的时候，静心寻找，并执着地制造一些微小但却真实可以触摸的快乐。

烦恼是庸人自扰，而快乐与幸福，则藏在隐匿的枝叶之间，等着那有心的人路过时，像采摘野果一样，欣喜地将它们寻找出来，并放入背后的行囊。

花儿记得一路的温情

她那一年考到北京读研的时候，曾经有过犹豫，每年6000元的学费，让她这个失去父母一路靠减免学费读完大学的女孩，徘徊了许久。最终，强烈的求知欲望，让她决定贷款供自己再读三年。

班里总共十二个人，清一色地全是女孩。每日读完书，一群女子最乐意做的，就是聚在一起叽叽喳喳讨论时尚衣饰、明星运程、旅游名胜。她喜欢这群热情乐天的女孩，她亦喜欢安静地坐在她们旁边，听她们得意地挑着眉，胡吹神侃。她与她们，都是女孩，所以能相互懂得彼此，她从没有因为自己经济困窘，而自动地与她们这一群生活优越的女孩们划清界限。而她们，也从没有因为她衣着素朴，而不屑与她聊起新款的阿迪耐克。许多人在校园里，看见这样一群携手招摇过市的女孩，常常会惊叹：竟然还有如此心心相印的一群，简直像枝头的一簇花儿一样呢！连她们的导师也称赞，说带过的每一届学生，都因为大家忙于挣钱忙于恋爱，而让一个集体如一盘散沙，甚至到最后一顿毕业晚宴都无法聚齐；唯独这一届，全是任性爱臭美的小女生，偏偏站在一起，像一株株白玉兰，大朵大朵的花绽放开来，便是一个粲然的春天。

但她还是在那一年的秋天里，偶尔感到了一丝想要逃避的凉意。她从一个小镇上来，大学亦是在郊区读的，是到了北京，又恰好遇到了这样活泼的“驴友”，才让她知道，城市原都是像北京那样，有她无法想象的繁华。她从她们的口中，了解到全国各地许多好玩的去处和诱人的小吃。她们怀揣着一股子诚挚的浪漫，决定在这三年里，将十二个人所处的城市，不仅逛遍，而且吃遍。这个决定一出来，她便有些默然，她不知道如何向她们解释，自己是到了北京，才真正接触到了城市，此前，她从来没有将钱“浪费”在出行上。况且，每到一个城市，便由“东道主”负责一切旅游费用的豪爽策略，亦是她无法承受的。但她的确不想扫大家的兴，只好悄无声息地退到一边去，等着她们商量出最终的行程路线后，再找一个合适的理由退出。

最终，她们决定抽签来确定三年的旅游线路。她依然记得那一个秋日的清晨，她与她们坐在银杏飘香的窗前，等着班长将十二张写有数字的纸条，团成一个个小小的球。她的脸上，除了微微的紧张，还有一丝丝的哀伤。她希望自己能够抽到最后一个，这样，她就可以用三年打工攒下的钱，请这样好的姐妹逛一次自己的小城，尽管那个小城里没有高楼大厦，也没有长长的购物街，但那里有青山绿水，她可以带她们在小溪旁的绿地上，宿营，点起篝火，唱歌，或者笑成一团。可是，她更希望的，是自己在抽到后，能够找到一个不伤害彼此感情的理由，做这一梦想的旁观者。是的，她是宁愿做一个旁观者的，她并不抱怨命运给她这窘迫又难堪的三年，她不想让人看到自己的伤口，但她会微笑着，为她们充满迷人芳香的旅程，点起祝福的火把，将她们过往的每一个小站一一照亮。

班长将十二张纸条郑重地放在桌子中间的时候，大家都不约而同地看向班长，等她下令来抽。班长很酷地一伸手，指指坐在身旁的她，笑道：“今天我这班长，为自己谋点私利，谁有幸挨在我右边，谁就先抽。”她羞涩地低下头去，为自己的这一特权而微微红了脸。其余人则“嗷”一声取笑班长的自以为是，但笑过之后，则嚷嚷开：小妹，这次就给班长一个面子，你先抽吧。她看一眼眉飞色舞的班长，笑一声，便将手伸向桌子，又略一停顿，便拿起其中的一个。她刚一拿起，其余十一只手，便飞速地将纸团全部捏起。她还没有打开，周围的人便高声嚷开了自己的顺序。班长则在一旁飞快走笔，迅速记了下来。大家挤闹成一团，她是最后一个将自己的号码告诉班长的。事实上，不用告诉，班长也从记录里，毅然地断定：她定是最后一个了。

她的确幸运地成了最后一个。她想，三年的时间，足够她挣一笔路费，请她们去安静的小镇上玩。这应该算是自己，回馈给她们这份姐妹情谊的最好的礼物了。

她跟着她们，在这三年里，去了许多城市，上海、广州、厦门、西安、南京……每到一个女孩的家乡，她们的父母总会尽最大的热情，来招待这一群手足情深的女孩。吃饭、住宿、车票，全都给她们免掉。她们所要做的，就是疯跑遍整个城市，且将它所有的特色之处，一一收进记忆的行囊。她们在南京模仿《红楼梦》里的金陵十二钗，穿上古衣，拿一把小巧的檀木香扇，犹抱琵琶半遮面地在古镇上留影纪念。路上的游人看见她们可爱张扬的模样，皆会轻叹：多么年轻的一群，多么美的青春！她在这样的瞩目里，总会下意识地摸一摸口袋，那里，有她专门的一个卡，卡里是她一点一点积攒的一笔钱，她知道，当毕业来临，她的钱也就够了。

三年的时间很快地过去。在这三年里，每一次的集体活动，她都会参加。每一次，她都没有为费用为难过，因为，她们有那么多的理由找人买单。这群女孩充分发挥着小女生的黏性，赖着自己的老师、学长、朋友、父母，请这“浩荡”的一群吃饭，游玩，甚至买喜欢的纪念品。而她，则跟着她们一起，享受着作为小女生的特权。

终于轮到她来买单的最后一次旅行。她将攒好的两千元钱点了又点，知道足够来回的路费，便微笑着给她们发短信：我们去做最后一次旅行吧。那时的她们，正在为各自的工作四处奔波，但为了这次驶向终点的出行，十一个女孩皆从全国各地聚拢了来。就在出发的前一天，导师突然打电话给她，说：你们可真是不讲义气的小女生，这最后一次出行，也不邀请我去。她呆愣片刻，随即愧疚，说：老师，如果您真能抽出空来，跟我们一起去，我们都会高兴坏了呢。

那次出行，女孩子们轮番地拍导师的马屁，直拍得导师白她们一眼，嗔怒道：“早知道你们心里的花花肠子了，放心吧，我会大方地把没花完的经费拿出来，赞助你们来回路费的。”一群女子皆哗哗地鼓掌，说：“我们替小妹谢谢老师哦。”

接着她们一脸羡慕地转向她，说：“小妹，到了小镇，你可要好好做一桌家乡菜，感谢我们为你大力拍马屁哦。”一车厢的人，皆笑趴下，而她，却在这样突如其来的幸福里，扭头，落下了眼泪。

是到了许多年后，她上网，看到一个同门师妹的博客，讲起她们声名远播的“金陵十二钗”，这才知道，她们为她，保守了一个怎样的秘密。那次抽签，所有的纸条上都写着12。而每一次出行，大家其实都是自费。三年里，她们集体出游过十一次，一起吃过无数次的饭，每一笔她需要付出的费用，都是这十一个女孩子自动地分担了。她们为了她的自尊，将每一次需要花钱的饭局、出行，都找了完美无缺的理由，让她如此安然地享受着作为女孩子的“特权”。甚至，在最忙的毕业前夕，她们集体去求导师，让他帮忙，给她最后一个免费出行的理由。

她们究竟为她，在三年里编下多少个理由，买下多少次单，她都记不清了，但她却知道，那朵永远不会绽放的秘密之花，会为她记得，这一世都不会凋零的温情。

不是所有的 PK，都有公平的规则

亲爱的蓝，你写的信，其实我早已经收到，这些天来，我一直将它放在床头，翻来覆去地看，但还是不知该如何开口，给你并不想要的答案。作为比你年长 10 岁的姐姐，我理应给站在人生十字路口的你，一个正确乐观的指引，可是，亲爱的蓝，我不能。

16 岁之前的你，一直活在成人为你编织的美好童话里，父母亲朋的帮助，让你将这个社会看得过于单纯，世界在你的眼中，就是一个蓬松的甜蜜的棉花糖，或者一朵饱满芬芳的山茶花，闭起眼睛，闻一下，芳香沁人心脾。而今，我只是想唤醒你，睁眼看一看这个真实的世界，看一看除了良善、公平、无私、光明，这个社会也同样有邪恶、不公、自私和阴暗。假若某一天，你与它们不期而遇，那么，除了无休止的抱怨、失落，你被重重击打的心，该如何应对霜冻之后，依然是黑白交织的生活？

你说你的老师们总是告诉你，只要拼搏，就会有收获，命运对每个人都是公平的。而你也一直坚信，这次对你一年后保送名牌大学，具有决定意义的考试，你全身心的付出必会换来丰硕的果实。你走出考场的时候，便自信满满地发短信告诉我，说你的一只脚已经迈进了名牌大学的门槛。这两年的努力，让你的综合排名，始终在整个年级的第一位。所有的老师也都认为，你就是那个半年后，在光荣栏里熠熠闪耀的明星，你聪慧、勤奋、执着，且多才多艺，讨每一个人喜欢，大大小小的比赛，一旦有你参加，稳坐冠军的一定不会是别人。而这次的考试，不过是最后一扇已经向你自动敞开的门。

可是，与你一起竞争的偏偏有校长的儿子。偏偏，批改语文试卷的老师，是竞争对手的班主任。于是，你昔日引以为傲、经常在各个班里当范文辗转的作文，反而成了此次考试的劣势，阅卷老师百般挑剔你的文章，一直挑到你的成绩可以落在校长儿子的后面为止。

这样的结果，让你失落感伤了许久，你不明白之后发表在校报上引来一片喝彩的文章，为何在考试时，却得了一个如此不堪的分数。你曾为了准备写作的素材，查阅了很多书，常常在市图书馆里，从清晨泡到街灯次第亮起。你付出如此多的汗水，到头来却收获了遍地的荒芜。不公鲜明得犹如白墙上的黑色油漆，你用了刀子，痛苦地去刮，却发现，一切都是徒劳。

亲爱的蓝，从你的母亲那里，知道你为此难过了许久，一度不知道该如何面对仰慕你能有机会保送重点大学的同学，你怕那些幸灾乐祸的讥讽，你怕老师额外的关心，你怕亲戚朋友的追问，每一次被人提起，都似将那刚刚结疤的伤口，硬生生撕裂开来，疼痛锥心蚀骨。这是你第一次面对如此残酷的不公，你不知所措，你辗转反侧却依然想不明白。你问我，大人们说的话，是不是都是假的？为何他们告诉你努力的时候，忘了告诉你，这个世界上，不是所有的事情，只要努力就能成功的，而假如不公站在你的面前，生生地将机会夺走，那么，你又该如何应对?

是的，蓝，不是所有的PK，都有公平的规则。总有一些人，千方百计地寻找规则的漏洞，趁机跳到你的前面，让你所有的辛劳都付诸东流。而这时，你究竟是执拗地与这种不公斤斤计较，甚至穷尽你的整个青春，都走不出它的阴影，还是淡淡地一笑，权当一次人生的经验，然后继续你的行程？亲爱的蓝，失去了保送的机会，你还有一次高考，命运在向你关闭一扇门的时候，你应该学会继续前行，寻找另外一扇通向鸟语花香的大门。

亲爱的蓝，当你向我抱怨的时候，其实我也经历了同样的不公，研究生毕业的我，携着优秀的成绩，奔波于大大小小的报社、学校、电台或者公司，可是总有人，找出这样那样的理由，将面试成绩排在前列的我刷掉，性别、学历、长相、地域，都能成为我被拒绝的理由。假若我在这样清晰的不公面前，与你一样的焦灼、愤然、迷茫，甚至是放纵自己，那么，或许关掉的，不仅是这一扇门，更多的门会在我犹豫徘徊和无休止的抱怨牢骚中，皆冷漠地闭合。

没有什么机会，会等在你必经的路口；而注定的不公，不管你如何地去讨去要，它都难以再回到你的身边。所以亲爱的蓝，为何要在你无力争取来的荣耀面前，用悲伤和泪水度日，并因此错失那些可以让你公平地展示自己的PK？

亲爱的蓝，原谅这一次我无法给予你任何的良方，助你夺回本应属于你的骄傲。比你多走的十年的路，让我只能如此残酷地告诉你，童话的结局，不只是温暖与幸福。你所应做的，是怀揣着童话，在跌跌撞撞中找寻另外一片明朗的晴空。

无法不对你残酷

弟弟第一次到北京读大学的时候，与我是同样的年龄。在父母的眼里，17岁，只不过是个孩子，而且，又是没出过县城连火车也没有见过的农村少年。母亲便打电话给我，说要不你回来接他吧，实在是不放心，这么大的北京，走丢了怎么办？我想起这么多年来，一个人走过的路，很坚决地便拒绝掉了。我说有什么不放心的，一个男孩子，连路都不会走，考上大学有什么用？

弟弟对我的无情很是不悦，但父母目不识丁，也只能倚靠自己。我能想象出他从小县城到市里坐火车，而后在陌生的火车站连票都不知道去哪儿买的种种艰难，但我只淡淡告诉他一句“鼻子下有嘴”，便挂掉了电话。是晚上12点的火车，怕天黑有人抢包，母亲提前五个小时便把他撵去了车站。他一个人提着大包小包，在火车站候车室里坐到外面的灯火都暗了，终于还是忍不住给我打了电话。我听着那边的弟弟几乎是以哭诉的语气提起周围几个老绕着他打转的小混混，便劈头问道：“车站民警是干什么的？这么晚了还来打扰我睡觉，明天车站见吧。”弟弟也高声丢给我一句：“车站也不用你接，用不着求你！”我说：“好，正巧我也有事，那我们大学见。”我举着电话，听见那边嘈杂的声音里，弟弟低声的哭泣，有一刹那的心疼，但想起几年前那个到处碰壁又到处寻路的自己，还是忍住了，轻轻将电话挂掉。

弟弟是个不善言谈略略羞涩的男孩，普通话又说得那么蹩脚，扫一眼眉眼，便知道是乡村里走出来的少年，亦像我当初那样，不知道使用敬词，问路都被人烦吧。他一个人在火车上，不知道厕所，水都不敢喝。又是个不舍得花钱的孩子，八个小时的车程，他只啃了两袋方便面。下车后不知道怎么走，被人流裹挟着，竟是连出站口都找不到。总算是出来后，一路上挤公交，没听到站名，坐过了站，又返回去。等到在大学门口看见我笑脸迎上来，他的泪一下子流出来。看着这个瘦弱青涩的少年，嘴唇干裂，头发蓬松，满脸的汗水，额头上不知哪儿划破的一道轻微的伤痕，我终于放下心来，抬手给他温暖的一掌，说："祝贺你，终于可以一个人闯到北京来。"

临走的时候，只给他留了两个月的生活费。我看他站在一大堆衣着光鲜的学生群里，因为素朴而显得那么落寞和孤单，多么像刚入大学时的我，因为卑微，进而自卑。我笑笑说："北京是残酷的，也是宽容的，只要你用心且努力，你也会像姐姐那样，自己养活自己。"我知道年少的弟弟，对于这句话，不会有太多的理解，他只是难过，为什么那么爱他的姐姐，在北京待了只是几年，便变得如此不近人情？他之所以千里迢迢地考到北京来，原本是希望像父母设想的那样，从我这里获取物质上和精神上的多方支持，却没想连生活费，做姐姐的都要他自己来挣。

一个月后，弟弟打电话过来，求我给他找份兼职。我说，你的同学也都有姐姐可以找吗？他是个敏感的男孩，没说什么话，便啪地挂断了。顷刻，母亲的长途便打过来。她几乎是愤怒着说："你不给他钱也就算了，连份工作也不帮着找，他一个人在北京，又那么小，不依靠你还能依靠谁？"我不知道怎么给母亲解释，才能让她相信，我所吃过的苦，他也应该能吃，因为我们都是从乡村里走出来的孩子，如果不自己走出一条路来，贫困只会把所有的希望都熄灭掉，而且留下无穷的恐惧给飘荡在城市里的我们。碰壁，总会有的，但也恰恰因为碰壁，才让我们笨拙的外壳迅速地脱落，长出更坚硬的翼翅。

我最终还是答应母亲，给弟弟一定的帮助。但也只是写了封信，告诉他所有可以收集到兼职信息的方法。这些我用了四年的时间积累起来的无价的"财富"，终于让弟弟在一个星期后，找到了一份在杂志社做校对的兼职。工作不是多么轻松，钱也算不上多，但总可以维持他的生活。我在他领了第一份工资后，去赖他饭吃。他仔细地将要用的钱算好，剩下的只够在学校食堂里吃顿“小炒”。但我还是很高兴，不住地夸他，他低头不言语，吃了很长时间，他才像吐粒沙子似的恨恨吐出一句：“同学都可怜我，这么辛苦地自己养活自己；别人都上网聊天，我还得熬夜看稿子，连给同学写封信的时间都没有；钱又这么少，连你工资的零头都不到。”我笑道：“可怜算什么，我还曾经被人耻笑，因为丢掉 50 元钱，我在宿舍里哭了一天，没有人知道那是我一个月的饭费，而我又自卑，不愿向人借，可还是抵不住饥饿，我在学校食堂里给人帮忙，没有工资，但总算有饭吃。你在现实面前，如果不厚起脸皮，是连走路的力气都没有的。”

那之后的日子，弟弟很少再打电话来，我知道他开始“心疼”钱，亦知道他依然在生我的气，因为有一次我打电话过去，他不在，我说：“那他回来告诉他，他在大学做老师的姐姐打过电话问他好。”他的舍友很惊讶地说：“他怎么从来没有给我们说过有个在北京工作的姐姐呢？”我没有给他们解释，我知道他依然无法理解我的无情，且以这样的方式将自己原本可以引以为傲的姐姐淡忘掉。就像我在舍友们谈自己父母多么地大方时，会保持沉默且怨恨自己的出身一样。嘲弄和讽刺，自信与骄傲，都是要经历的，我愿意让它们一点点地在弟弟面前走过，这样他被贫穷折磨着的心，才会愈加地坚韧且顽强。

学期末的时候，我们再见面，是弟弟约的我，在一家算得上档次的咖啡吧里，他很从容地请我“随便点”。我看着面前这个衣着素朴但却自信满满的男孩，他的嘴角持久地上扬着，言语亦是淡定沉稳，眉宇间竟是有了点男人的味道。他终于不再是那个说话吞吐遇事慌乱的小男生，他在这短短的半年里，卖过杂志，做过校对，当过家教，刷过盘子；而今，他又拿起了笔，记录青春里的欢笑与泪水，并因此换来更高的报酬和荣光。他的成熟，比初到北京的我，整整提前了一年。

我们在开始飘起雪花的北京，慢慢欣赏着这个美丽的城市。我们在它的上面，为了有一口饭吃，曾经一次次地碰壁，一次次地被人嘲笑，可它还是温柔地将我们接纳，不仅给我们的胃以足够的米饭，而且给我们的心，那么切实的慰藉和鼓励。

没有残酷，便没有勇气，这是生活教会我的，而我，只是顺手转交给了刚刚成人的弟弟。

一抹忧伤抵达的月光

我是在一个寂静的秋天的夜晚，关了灯，从客厅到卧室的一小段距离，突然发现了很多年前，乡下的那抹月光。

其实那月光，在我的卧室里已经流溢了许久。只是我一直以为，那是对面高楼上，某家定时开关的白炽灯，投射到阳台上，又透过一扇门，照亮了床前安静憩息的一双鞋子。是我无意中去阳台上看我种下的雏菊，有没有悄无声息地背着我，在夜色里偷偷绽放，一抬头，便看到了飘在两座高楼之间，那一轮温润迷人的月亮。

我这才注意到，自己踩着的那片清亮温柔的光，原来是许多年前，我在乡下迷恋不舍的月光。想要关闭阳台门的手，就这样倏然停住。我在深秋傍晚伴着微弱虫鸣的凉风里，注视着那缓缓游动的月光，穿过阳台的绿纱，爬过雏菊含苞的花朵，游过雕花的窗棂，抚过卧室洁净的地毯、壁橱、床单、棉被，并最终，在一面宽大的落地镜前，好奇地停下。

我不知道如何才能一步就跨到床上去，从而将那片柔软透明的月光，完美地留在绘有风情花朵的地毯上。最终，我选择脱掉鞋子，抬起脚跟，轻柔地淌过月光汇成的溪水。但我还是听到了水流的声音，看到溪水般明净清凉的月光，在我的脚踝处，一圈圈地荡漾开去。

我的记忆，在涉过那片月光，回身去看的瞬间，便逆流而上，回到了许多年前，我嬉戏玩耍的乡间的夜晚。

我记得深秋的月光下，我穿着薄薄的小衫，奔跑在已经空旷的田地里，为将最后一车的玉米拉回家去晾晒的父母，加油鼓劲。我当然是什么忙也帮不上的，甚至连玉米也剥不了几个，便在月亮安静注视下的玉米堆上，呼呼地睡去。每每都是母亲，喊我的乳名，让我起来喝熬好的玉米粥，我才睡眼惺忪地揉一揉眼睛，眯眼看一看梧桐树上吊着的那一轮饱满莹润的月亮，听一听角落里蟋蟀的鸣叫，这才哼哼唧唧地在母亲不耐烦的训斥里，踩着被露水打湿的玉米，高一脚低一脚地，去吃因为困倦而忘记了滋味的粥饭。

乡下的月光，是有轻盈的翅膀的，它从高高的烟囱飘到青灰的瓦上，又落在静默的灶台上，而后融入薄如蝉翼的霜中。它还有轻灵的声音，细碎的，窃窃私语的，恬淡的，似夜里母亲哄孩子睡去的小曲，或者路上夜行人清晰短促的呼吸，再或影院散场之后杂沓的脚步声。而月光的味道呢，当然是一盏茉莉茶的浅香，或者晚间青草的香气，细细地，一丝一缕地，经由那天地间安静的生命传递出来。

而今我在蒸笼般喧嚣巨大的城市已经很多年，忆不起这乡下的月光。我一直以为，乡下的月光，它永远穿不透幽深的地铁，越不过林立的高楼，飞不进拥挤的公交，跨不进狭仄的楼道，更挤不进，日日奔波在路上无暇抬头仰望天空的城市人的心中。我在跨入城市立志在城市扎根的那天起，就不再有抬头看天上星辰的习惯。我要飞速地向前冲啊，我要赶上那些有房有车的人，我要为加薪提职而埋头苦干，我要将别人头上的光彩，争抢到自己的身边。况且，当我在下班后的路上，为鲨鱼罐头般的车上一个歇脚的位置，而眼神尖锐神经紧张的时候，我怎么可能会透过窗户，看一眼被蛛网般密集的线路笼罩住的天空，并确认霓虹闪烁处，究竟有没有一片光亮，是来自于静谧的月光？

我将遗忘掉月光的缘由，推给了给我金钱亦给我巨大压力的城市。我认定月亮不会光顾这片繁华魅惑的地带，我一心想着挣到足够的钱，而后去山水间找寻心灵的宁静，却唯独忘了，如水的月光，它也必如潺潺的溪水一样，可以毫无阻碍地穿越山石、丛林、灌木、原野、峻岭。当它抵达拥塞的城市，并没有因此而有丝毫的吝啬，照例将那清冷的光，蒲公英般温柔地落入每一个角落。它藏在公交飞旋的轮上，落在地铁出口处湿滑的台阶上，隐在下班后窗台那盆无人照管的水竹的叶间，停在一只流浪狗孤单的眼睛里，亦流进我入梦后安静的枕边。

只是，我的眼睛与心灵，不是被喧哗的灯光充塞，就是被俗世的物质占满，唯独忘记了，关上白亮的灯，卸下心灵的负累，在某个夜晚，倚在床头，看一看那悄悄潜入卧室的月光。

这样的月光，它从经年的隧道中穿梭而至，抵达我心中的时候，并没有忘记，给我一抹年少时田野中奔跑，被我绊倒的一株玉米的忧伤。

无法治愈的孤独

秋天的傍晚，很凉，在阳台的灯光下坐着看书，突然便传来一声小孩子撕心裂肺般的哭喊，反反复复地，只有一句话：妈妈不要我了！妈妈不要我了！

防盗门“砰”地一下关上，对面的楼道里，便有冰冷的高跟鞋的声音，“咔咔”地朝半空里去。那样的无情，只有在俗世之中，变得粗糙硬冷的一颗心，才会生出。那个绝望的小孩，依然在风里哭喊，可是，却没有人回应他的孤单。小区里的人，只当是一个孩子任性顽劣，觉得这样的冷淡，不过是对他的惩戒，所以便不足为奇，看他一眼，便从他的身旁，凉风一样经过。

我知道小孩子的哭声，终究会在无人理睬中，渐渐消散下去，犹如一缕青烟消散在静寂无声的暮色里。所以我也无须从窗口探出头去，看他怎样自己擦干眼泪，在防盗门旁，犹豫良久，终于还是抬起手来，按下自家的门铃。

这是无路可走的孩子唯一可以去的地方。或许家中有父母的呵斥、责骂，或许单亲的母亲会拿他撒气，或许饭桌上只剩下残羹冷炙，可是他无钱可以流浪，除了回归，隐匿内心深处的孤独，别无他法。

又想起另外一个小孩，跟母亲并肩行走时，不知是因了一句什么话，发生争吵。母亲愤怒之下，便破口大骂了他。他在众目睽睽中，没有争执，也没有放声大哭，而是突然停止走路，无声无息地蹲下身去。昏黄的路灯下，我看不见他的脸，不知道他是否有眼泪滑落下来。但我猜测，他是没有泪的。他的心里一片冷寂悲伤，犹如苍茫大雪中，一只寻不到方向的飞鸟，找不到温暖的家园。甚至，连一株可以憩息的枯枝也没有。我走得很远了，还看到那个孩子蹲在水泥地上，孤独成一团黑色的影子。就像很多年前，因为被父亲责打而逃出家门，在荒野的草丛中，站到露水打湿鞋子的我。

成人常常以为，不会有衣食忧惧的孩子，内心最为单纯快乐，所以孤单、绝望、无助、惶恐这样的词汇，与他们毫不相干。不过是三句哄骗，两粒糖果，便可以将他们收买，重绽欢颜。可是却无人能够懂得，当他们被成人冷落、打骂，甚至赶出家门时，心内铺天盖地的忧伤，几乎可以将弱小到无力对抗世界的他们，彻底地淹没。

成人可以用金钱、物欲、情爱来填补席卷而来的孤独，可是那些哭泣的小孩，却只能任由孤独裹挟着他，犹如一艘在大浪之中，颠簸向前的小舟。只有心灵始终纯净不曾沾染尘埃的成人，方能在他们犹如小猫小狗一样无助的眼神里，读出他们内心的惶恐。

行走在人际疏离的城市之中，很少会遇到儿时在乡村里，大人当众责打孩子，被一群乡邻阻拦的热闹。更多的时候，这样的责打，改在了隐秘的家中，不相往来的邻居，或者对面高楼上的陌客，只能透过窗户，听一听那个被家人孤立的小孩，嘤嘤的哭泣，或者绝望的嘶喊。

世界上最深的孤独，藏在一只流浪狗血流不止的伤口上，一头失去孩子的骆驼的凝视之中，一只被猎人捕获的野狼的惊惧里。还有，一个在城市里走失的孩子的惶恐中。

这样的孤独，隐匿在弱小的生命之中，除了时光给予它用来自我护佑的粗粝外壳，无人可以拯救，亦无药可以治愈。

第一辑

你有没有最珍贵的

很多时候都是这样，
我们怀揣着晶莹美丽的梦想上路，
却在磕磕碰碰中发现，
它不只变得与我们的面容一样灰尘仆仆，
甚至最糟糕的，是在别人的拥挤里，
连那梦想的水晶球，
也给丢掉了。

谁采走了我的决明子

去一个朋友家，看她在喝一种叫决明子的茶。

茶包装在精美的小袋子里，上面写着：可以减肥，明目，清热，润肠，降压。朋友饶有兴趣地说起儿时常常看爸爸饮用这种茶，并不知道是为了降压。但这种从药店里取来，煎炒而成的茶，却是因了其微凉微苦的香气，在她的童年之中，留下深深的印记。她记得那时常常牵着爸爸的手，行走在夜晚城市安静的马路上，坐两站公交去药店取决明子。

她记得公交车上，一年到头都穿中山装的司机师傅，他的口袋上，还像爸爸一样，别着一支“英雄”牌的钢笔，如果他没有坐在车上，而是走在马路的人群中，朋友会将他当作一个文化人。事实是，司机不认识几个字，托了层层关系才来车站上班。后来又生了一个儿子，成绩也总是拖着班里的后腿。司机心里便因此烙下了病根一样，对于有文化的人格外亲热。每次上车，司机总会与爸爸响亮地打一声招呼，说：“林老师，坐好喽。”每每这时，朋友也会跟着挺一挺胸脯，似乎爸爸的荣耀连带地让自己也有了光芒。

像有默契似的，药店总是等着朋友与爸爸来了，才关门打烊。所以那盏在小小药店里的灯盏，也便温暖了朋友整个童年的记忆。药店里的瘦猴子叔叔，总会提前将决明子和其他给妈妈煎服的中药装好，等着他们去拿。

决明子装在塑料袋子里，朋友提着走在路上，她会听见决明子像小小的昆虫，在夜色里窸窸窣窣地唱歌。有时候她会侧起耳朵，倾听它们的私语，哗啦哗啦，又像是溪水的流淌。

有那么几次，她淘气，将它们甩来甩去，一不小心，便将它们全洒在马路上。于是在爸爸温柔的嗔怒里，她跪在地上，嬉笑着将那些细小的宝贝，全又收拢到袋子里去。

而今，朋友没有想到，她与身边的白领们竟然也开始喝起这种茶，而且还有一个流行的名字，叫“亮眼八宝茶”。只不过，他们皆是为了一种减肥保健的时尚，而不像父辈们，单纯为了治病。他们还尝试其他的茶饮：玫瑰、百合、芦荟、菊花等等。这些据说美容养颜减肥的东西，被他们全部拿来，泡在杯子里，日日啜饮着，犹如啜饮一杯伤感又气质高贵的咖啡。

当我好奇地将决明子倒入掌心，用指尖微微抚过的时候，二十年的时光，突然就被这种宛若绿豆的绿棕色菱方形草药给唤醒了。

我想起的是家乡长在荒野里的一种叫夜合草的植物。它们生在荒郊野外，或者路边墙根，甚至屋檐下。我去上学的路上，它们沿途与我做伴。夏天的时候，它们会开出黄色的花朵，满山坡地看过去，犹如美人头上的花环。我有时会采摘下这些指甲一样小的花朵，戴在头上，或者别在耳边，而后等着人来夸赞。

但这种植物，伴随了我整个的童年，却并不是因为它们的花朵多么美丽，或者妖娆。而是由于，它们秋天的果实可以为我换来漂亮的发夹、鞋子、袜子，甚至是裙子。每年秋天来到的时候，我放了学，便将书包一丢，提了大大的尼龙袋子就疯跑出去，与村里大几岁的姐姐们，沿着长长的河岸，或者山坡，采摘夜合草的果实。它们的果实像是豆荚，细细长长的，包裹着其中小小的颗粒。我有时候会将它们小心翼翼地剥开来，看一粒又一粒的种子拥挤在一起，在壳里婴儿般安睡的乖巧模样。

我们一路采摘过去，常常就走到了外村的领地上去。我会看到外村里一样的牛羊、车马、田地，我觉得这样的出行，与去课本上的北京天安门，一样的兴奋、欣喜。

我会飞奔在陌生的田间地头，惊异地看那些新鲜又让我慌乱的面孔。我还会偷偷地在背后指点人家，如果那人不小心回头张望，则立刻小老鼠一样，躲到姐姐们的背后去。

而那些处在花季的姐姐们，则大胆得多，她们唱歌，歌声热烈又迷人，总会惹来路边男孩子们的嬉笑注视。她们从来不像我一样胆小惧怕，她们戴上招摇的花环，一边采摘一边拿眼斜觑着那路过的男孩。听见他们“嗨”一声大叫，则会飞一个白眼，给他们一个骄傲华丽的转身。

这样的出行，我乐此不疲，不仅仅是因为，回来将这些种子晒干了，拿到小镇上卖掉，可以换来让父母高兴的零钱，更重要的是，我可以飞进田野，做一株自由自在仰望蓝天的夜合草。

我并不知道，这些种子卖掉之后可以做什么。它们对于我来说，除了换来极少的零用钱，便再无其他的价值。而我的父母，有时候会将它们剥开来，装入布袋中，给我做成松软的枕头。我每晚睡在其上，从不会考虑它的药用功效。我的梦里，永远是田野高远的天空，充满果实芳香的大地，明净的小溪，起伏的山岭，还有女孩子们纯美的笑脸。

而这样一种串起我整个童年的植物，我从来都没有想到，它还有另外一个名字，叫决明子。是我从朋友家回来，路过药店，去问一个中药的医师，他告诉我，“夜合草”不过是决明子众多名字中的一个。就像一个孩子，他一路走来，会因为乳名、学名、绰号、网名、笔名、艺名，而被不同的人，以这样那样的方式记着一样。

而决明子自己，它从荒野之中走进药店小小的柜台，这一个行程里，会不会像我的朋友，想起这个城市的马路、汽车、行人、影院？或者，像我一样，忆起麦田、蜂蝶、阳光、雨露、花草、农人？

我一直固执地认定，不管它们是在枕中，还是白领高档的杯中、梦里，总会有我奔跑的影子。

因为，我们生命的最初，曾经以这样温柔的方式，历经彼此。

岁月里你沉淀下什么味道

几乎是每天，在公交上，地铁里，网络中，马路边，都会与数不清的人擦肩而过。如果无缘，此后我们再不会相识。其中的大多数，都不过是路边的风景，经过便已忘记，他们在我的生命里，无色，无味，无形，除非是刻意，不过是瞬间，他们便化为模糊的一团，甚至，连这样的一团也没有。

但也有时候，他们比任何一个我所熟识的朋友，都更为清晰地印入我的生命，犹如水泥未干时，花瓣落下的痕迹，永久地存留下来。他们在时光的小道旁，撒下种子，而后悄无声息地成长，只等某一天，我在梦里与他们再次重逢，欣喜或者淡漠地一一辨识出他们的味道，清香，浅淡，刺鼻，俗艳，麻辣，或者朴质。

曾经在路边的报亭旁，看到一个傍晚收工的年轻人。是个在街巷里做饼的青年，一辆三轮车，一口锅，一罐气，一袋面，一个钱盒，便是他全部的家当。他显然是在北京闯荡了许久，对于报刊亭的老板也是熟悉。将车刚刚停住，老板便朝他喊："嘿，你要的杂志，今天终于来了！"

这样一个头发蓬乱、衣服上沾满了面粉的年轻打工者，我猜想他所喜欢的杂志，当是火车站旁经常出售的那些纯粹刺激感官的低劣报刊吧。但让我吃惊的是，他竟然拿了一本心灵小品类的杂志，而且，那一期上，恰恰有我刚刚发表的一篇文章。

我站在一旁，看着这个风尘仆仆的年轻男人，想他在灯光昏暗的出租屋里，于周围人此起彼伏的划拳声、哈欠声和恶俗笑话中，连唇边的饭粒也来不及擦，便倚在床头翻看起最新买来的杂志。

这样的夜晚，整个城市正在灯红酒绿中，沉醉迷离，有人吞云吐雾，有人酒吧买醉，有人迷失街头，唯独他，用一本安静的杂志，将喧嚣屏蔽在心灵之外。或许，还没有家庭的他，在日后也会慢慢成为一个世俗的男人，但那一刻，我还是愿意将他异乡捧书夜读的安然，看成是一朵槐花，在农家的院里，在有月亮的夜晚，将朴实无华的香味，传给哭啼不眠的孩子。

也常在网上，闻到许多辛辣刺激且呛鼻的味道。记得一个热闹的漫画群里，有一个人看到新来的我，得意扬扬地将头凑过来，说："知道吗，我边玩边画，很轻松地，一月便可挣到过万银子，而且，是要有人一次次求我找我，才肯画的，不像你们写字的人，那么辛苦地熬夜，眼里熬出血丝来，还未必有人会用。"我在群里，看着他跟一些新手傲慢地夸耀着，犹如一个打着饱嗝、财大气粗的商人，觥筹交错中，看得见镶嵌的金牙上韭菜的痕迹。

这样在人面前将视线高傲扫过的人，我曾一次次地遇到。譬如在会议上，将别人的观点批得一无是处的某个专家；譬如 MSN 上，只肯用英语与我交流的在国外的某个镀金者；譬如心情不好，无缘无故地冲自己下属发脾气的领导；譬如有了一点成就，便自视甚高而不肯与比自己低的人闲聊的所谓名家。当我与他们遇到，听见他们夸夸其谈，常常会下意识地想要掩鼻走开。我总是会从他们的身上，嗅到一股浓重的韭菜包子或者大蒜的味道。这样的味道，经由一个发酵许久的隔了夜的饱嗝打出来，愈加地恶俗不堪。

曾经在市区的公园里，看到一对父女。是周末清爽的早晨，女儿牵着父亲的手，默默地向前移动。父亲显然是患过脑瘫，神情有些呆滞，但还是在女儿的牵引下，一小步一小步地挪动着。周围是鸟语花香，而做女儿的，却只是注视着父亲的脚步。他们之间并没有语言，甚至在这样一个活力充沛的清晨，他们的出现，显得有些略略不合时宜。

行了不过几十步，做父亲的便累了，不管女儿怎样哄劝，都孩子似的不肯再前进一步。三十多岁的女儿，就将随身携带的小板凳放在路边，让父亲坐下，而后她蹲下身去，为父亲脱下鞋子，轻轻地按摩着他的脚掌。这当是他们生活中，最普通的一个镜头吧，但那一刻，我还是被这样一对父女深深地打动。在那样一个几十种花竞相绽放的清晨，我却只闻得到茉莉的浅香，它们温柔缭绕着，如一股溪水，浸润着我的心田。

我们每一个人，都曾与成千上万的人擦肩而过。我们将别人视作可逃或可亲的花香，而也必有人，从我们身上闻到同样馥郁或者刺鼻的味道。而你，在人群中，于时光里，究竟，想要沉淀出哪一种？

你有没有最珍贵的

北京S大的两个学电影的小师妹，为了完成毕业作品，扛着摄影机走在北京的大街小巷上，逮人就问：能不能告诉我，你认为世上最珍贵的东西是什么？这种拍纪录片的状态，让我想起了几年前一个出名的独立电影《北京的风很大》。被采访的人，在毫无准备的情况下，面对突如其来的摄影机，脸上的表情没有来得及调整，伪善的外衣也没有来得及穿上，便被硬生生地记录下来。但正是这样原生态的采访，让我们接近了问题最真实最本真的答案。

采访几乎涉及了奔走在北京的每一个群体：严肃的男人，温柔的女子，毫无世界观的孩子，晨练的老人，匆忙行走的白领，晒太阳的流浪艺人，等待朋友的街头小痞，孤单的清洁工人，着制服的广场士兵，穿囚服的犯人，来旅游的老外，一本正经的官员，卖盗版碟的小贩等形形色色的人，在突兀的问题面前，给出了各式各样的答案。其中包括最传统的亲情友情爱情，最实用的时间，最根基的生命，最抽象的爱。这是成年人的答案。采访到的一个毫无心机也对世界认知混沌一片的小孩子，很羞涩地指指脖子上的红领巾，说："今天我入队啦，这就是我最珍贵的。"而更小的一个女孩，则努力地歪头想了片刻，摇摇头，诚实地说不知道。

相对于孩子的认真，大人则世俗功利得多。有夹皮包的男人，边快步疾走边头也不回地说："没空跟你们闲聊，我最珍贵的，就是时间。"有打扮精致艳丽的女人，对于提问的人，看也不看一眼，便一阵风似的走过。有天生戒备的中年女人，上下扫视一遍，反问两个师妹究竟是做什么的，待费一番口舌解释是完成一份作业，才淡漠地回答问题，说最珍贵的当然是能够挣钱的能力。而有些疲惫的一个抱孩子的女人，几乎是毫不犹豫地脱口而出："最珍贵的，当然是结婚后的自由，没有哪个女人不向往呢。"一个在天桥旁吹箫乞讨的残疾人，指指自己的乐器，说："最珍贵的，就是我的乐器，还有，能在冬天没有风的太阳下在这里唱歌。"天安门广场上站岗的质朴士兵，回答问题时眼神依旧直视前方，说："我最珍贵的，就是军帽上的徽章，我戴上它，就有了责任。"已经退休的一个七十多岁的看孙子的老人，用年轻人不习惯的虔诚，说："最珍贵的，是还能为国家贡献点余热。"一个白发苍苍的老太太，则更是神情郑重，说她认为最珍贵的，就是不管什么时候，都能拥有理想。

也有很多让人心生感动的答案。一个打扮另类的街头小痞，叼烟站在街头等他的朋友，面对摄像机，他有几秒钟的诧异，随即因为问题，表情变得难得的单纯，看得出装扮嘻哈的他，其实还是个了无城府的孩子，他很小心地说出自己最珍贵的，是约请的朋友都能来，因为，今天是他 18 岁的生日。一个正在与家人沉默会面的囚犯，则视线躲闪地回答，最珍贵的，是出事之前和家人在一起团聚的日子，虽然每天都千篇一律的单调乏味，但现在回忆起来，却觉得每一秒钟都那么美好。而一对牵手散步的老人，两个人的答案，竟是一模一样，在他们心里最珍贵的，就是还有时间能够牵着对方的手散步。

摄影机记录的，不只是答案，从中亦可以看出人在匆忙的行走中，各自的心态。有人忙碌到最珍贵的真的只剩了时间，认为如此"幼稚"的问题，不值得停下脚步去思考哪怕是几秒钟。有人从骨子里不屑回答，以为生活就是一天天往前走，至于跳脱出来，看一眼自己行走的目的，则纯属浪费；也有人蹙眉想了片刻，丢一句"太过深奥"便继续赶路；更有人认为这是两个无聊学生的无聊问题，生活是实实在在的，想提炼出一个内核来，实在是最没用的哲学家才会干的事。

但，还好大多数的人，没有拒绝两个师妹的问题，尽管镜头前的人，毫无掩饰原生态的生存状态：焦虑，审视，怀疑，不屑，冷淡，或者如孩子似的无忧无虑、天真烂漫、了无戒备。但正因为如此，这些答案反而具备了一般采访所没有的打动人心的原始朴质的力量。

我最喜欢的，是一个在一片喧嚣繁华中，于拐角处不显眼的地方开书店的男人，朴实地站在柜台后面，笑着说他最珍贵的，就是自己这几年努力攒钱的结果，是今天终于有机会开了这一家小小的书店。这是一个在生活的艰难打拼里，依然怀着理想的男人，他的素朴如一朵风雨中摇摆的野花的理想，让他的答案，显得如此真实且动人。

真的像那位老人说的，拥有理想才是最珍贵的。我想这不是一个我们在小学作文里，常说的空洞矫情的词汇。有了它，我们才有了活下去的无穷尽的动力，尽管，很多的时候，我们像忽视空气的存在一样的，将它忽略掉。

最珍贵的东西，真的是我们生命中的空气，而此刻，你有没有将它想起？

锦色年华里走丢了谁

我一直想知道，究竟是什么东西在冥冥中引领着我和蓝，还有锦，从不同的角落汇聚到同一个城市，因为文字，彼此相识，亦是因为文字，而走向各自或妖娆或淡定的人生。我们是那样相似的女子，可是，而今却有了异样的道路。曾经在一个点上，我们看过彼此烟花般璀璨的绽放，当这绚烂归于平静，我们各自上路，却最终在这行程中，丢掉了彼此。

读大学的那一年，我们三个人的文字便频繁地在某本杂志上相遇。尽管并没有见过蓝和锦，但我却从文字中得知，她们两个人来自不同的城市，却在同一所大学的同一个专业里读书。彼时，我曾经庆幸，没有与她们一起，否则，三个孤傲的女子，在同一个舞台上唱戏，是会乱了阵的。俗语中说：三个女人一台戏。但若是三个骄傲的女子，是断断上不得同一出戏的。蓝出身优越，写字不过是因为单纯的喜欢，所以她的文字里带着一种漫不经心的淡漠，是爱理不理的孤芳自赏，谁人看见了，喜与不喜，都与她无关。来自海边的锦，温柔的文字中，自有一种让人安静的力量，我常常在她一篇篇文章面前，觉得嫉妒。锦的家世，亦是幸福，稿费让她可以过更加小资的生活。

而我，在蓝与锦的面前，无疑是那个没有水晶鞋的灰姑娘，我拼命地写字，填补寂寞，亦填补物质的匮乏。我发表了那么多的文章，但稿费的收入依然不能够让我过上富足有余的生活。我要供弟弟读书，要为自己交很高的学费，要满足自己作为一个女子最基本的虚荣。我记得那时的自己，买过的最多的东西便是头饰，我用这些便宜的饰品，装扮着自己一直黯淡的青春。这样小小的满足，我知道蓝与锦皆无法想象。除了文字，我们之间没有任何的交集。

但还是因为文字，彼此断断续续地有了交往。大学毕业那年，我拿着厚厚的简历，去J城找寻工作，在S大，遇到了蓝。彼时她正嚼着口香糖，在一群赶赴人才交流市场的学生后面悠闲地走着。与我同行的一个朋友，恰好与她相识，便喊她的名字。蓝回头的瞬间，我下意识地想要扭头走开，却被朋友一把拉住，说："嗨，介绍你们认识一下。"我依然记得那时的蓝，衣着时尚，腕间和前胸有大朵的玫瑰，肆无忌惮地绽放。而她的手中，甚至夹了一支女士的香烟，尽管自始至终，都没有见她去吸，但我还是将视线惶惑不安地移到别处去，似乎，那一点慵懒的烟火，会烫伤了我的眼睛。

我与蓝，未曾谋面，但早已在文字里熟悉了彼此。至少，我早已透过文字，熟知了她远离父母的年少时光，她无人陪伴的苦读岁月，还有她一段又一段无疾而终的爱情。而当我的文章，一次次与蓝的文字靠在一起的时候，蓝亦不会漠然到看都不看一眼的。所以当朋友刚刚提及我们彼此的名字，蓝即刻淡淡一笑，说早就知道的。卑微素朴的我，低头看着蓝漂亮的靴子，突然间心里落满了忧伤，我想或许这一生，自己灰尘扑扑的鞋子，都永远赶不上蓝。她那样散漫地走走停停，可还是因了那在高处的起点，而将我远远地落在后面。

终究没有寻到合适的工作，开始继续读研的生活。而蓝与锦，亦与我走了同样的路。只是，她们两个并不怎么联系的女生，却因为跟从同一个老师，而开始三年同窗的交流。她们的名字，只相差一个字，传达室的阿姨常常就将她们的汇款和样刊，弄混了。同一期杂志，两个人人手一份。我想象不出，两个人取信的时候，会不会顺带替另一个领了？或者，在收发室的小黑板上，看到两个人的名字一前一后地写着，会微微一笑，还是骄傲走开？但我可以想象的是，她们并不会因此成为朋友。从来，都不会。

三年悠闲写字的生活转瞬即逝。我站在毕业的门槛上，已经不再仓皇。而蓝，则毫不费力地在父母的帮助下，留校做了老师。依然特立独行，开酷酷的吉普，在校园里飞驰，路过的学生皆兴奋地高呼她的名字。她的信箱里，常常会有学生送来的情书，但她似乎从来都没有兴趣打开来看。她自己的爱情依然斑斓多彩，一段又一段地挤满了她的生活。蓝就是在这时，开始懈怠了文字。我曾经为此可惜，在网上劝她，不要将坚持了那么久的东西，如此轻易地丢弃在琐碎的俗世。她只一笑，说："不是丢弃，而是放下，文字并不是我生活的全部，它不过是一个过客，命中注定会有一程相伴的时光，亦注定会在某个时刻，与我擦肩而过，于我这样懒散的人，松手未必是人生的坏事。"

这是我与蓝，唯一一次关于文字的交流。尽管，与我相爱的 J，与她成为同事，我常常会在校园里，看到开着敞篷的吉普飞奔而过的蓝，亦不间断地从 J 的口中，得知了许多关于蓝的消息，可是我与蓝，却像陌生人一样，因了突然断掉的文字，再没有过任何的交往。

而同样留在了这个城市的锦，毕业之后，很快便嫁为人妇，开始在安定的生活里，弃掉杂志，出版长篇。此时的锦，依然是我钦佩的坚定如一的女子。她的文字，有了我所不能企及的开阔与深度。我时常去她的博客，在微微的嫉妒里，看她的书一本接一本地出版；亦看她的生活，如一朵幽香的山茶花，大朵大朵地绽放开来。而我，却只能站在山坡上，嗅着她扑鼻的香，心底充满了浓郁的感伤。

有一天，我与锦，在 S 大的校园小路上相遇。我的左边站着 J，锦的右侧，则陪着 J 的同事。我抢在 J 的同事前面，介绍我自己。我故意隐去了自己的笔名，我不想重复我与蓝相遇时的寡淡场景，我不想让锦在我说出笔名的时候，只一句"早就知道的"，便彼此落入俗套的尴尬。我只说："我读过你的文字，挺好的。"出乎意料地，锦热情地回应我说："有时间，我们一起吃饭，聊聊文字吧。"我笑着说好。但心里却知道，这一顿饭，或许永远都不会有。

许久之后的某一天，锦突然访问我的博客，说："安，是不是我们曾经在某一个地方相遇？只是，你熟识我，我却不认识你？"我笑，说："锦，你欠下我的饭，终于到了还的时候。"

初春的某个午后，我与锦坐在洒满阳光的窗前，吃我们在文字里相识了七年之后的第一顿饭。我们聊起那些一路走一路丢的文字，聊起逝去的青葱岁月，聊起我们散落在一本本杂志里的爱情，亦聊起跟我们走失了的蓝。第一次知道，锦与蓝亦曾有过温暖相知的时光，只是，当彼此毕业，离开校园，喜欢热闹的蓝终究与向往单纯安静的锦，无法相融，而那段在文字里共同走过的岁月，就这样在两条岔开去的道路上，失去了交集。

但锦还是感激，失去了蓝，命运却将另一个热爱文字的女子推到她的面前。而两个痴迷文字的女子，能够在不长不短的岁月里，携手走上一程，这样的缘分，从来都不会逊色于迷人的爱情。

这一点，我与锦，包括走丢的蓝，其实一直都清晰地懂得。

多年之后时光会给我们宽容

我在校园的食堂里，遇到了他们。

是新生开学的时候，食堂里挤满了来送学生的家长。橱窗里的菜以不同的价格，或卑微或高傲地摆放着等人来买。就像那些在餐桌旁，或惶恐或骄傲地坐着等父母打饭来的学生。小炒的窗口旁，早已被围得水泄不通，订单已经增至一百多个。中高价位的菜前，同样是人满为患。几乎每一个家长，在这时都出手大方，长途跋涉这么久，慰劳一下孩子与自己，理所当然，所以低价位的菜前，除了一些学生，倒是少见家长光顾。

我在高价菜的窗口看到一个面容憔悴苍老的男人。他挤在一群西装革履衣着光鲜的父母们中间，一脸拘谨地看着一份份的菜价。他的视线在菜价表上来来回回地看了很久，最终，他指指一份鸡腿，对服务生小声又坚定地说："要这份。"服务生习惯性地在喧哗中，高声问他一句："您要几个鸡腿？"男人脸微微地有些红："只要一个。"话音刚落，习惯了看菜给脸色的服务生，啪地就将一根瘦弱的鸡腿盛进盘中。

男人端着这一根鸡腿，又沉默迅疾地挤进另一个窗口。我买了一份牛肉黄瓜，闲闲地溜达着，在人群里搜寻着空的座位，终于在一个角落找到了位置。我的对面，坐了一个小痞子似的男生，一身韩式打扮，戴着耳机，听的一定是 Hip-Hop，否则腿脚不会那么神经质地剧烈抖动着，犹如得了抽风。他的面前，满满当当的全是菜：一份排骨，两个鸡翅，三根羊肉串，一个汉堡，外加一杯牛奶，一瓶可口可乐。这个歪戴着帽子的小男生，像一个被宠坏了的孩子，将几个盘子铺排得满桌都是，差一点就将旁边一个衣着素朴、视线飘忽的小女生，给挤得没有了位置。

女孩却似乎对于他的霸道毫不介意，只将眼神投向窗口拥挤的人群里去。看她与大学校园不匹配的衣饰，和略略拘谨无措的表情，我便知道，这定是一个刚刚来大学报到的新生。

片刻后，那个买鸡腿的男人便朝这边走过来。当他端着一份土豆丝和一份豆芽，坐在我身边，并将鸡腿放在女孩手边的时候，我才知道，原来他们是一对父女。对面的小男生津津有味地品着一根羊肉串，嘴里发出有节奏的声音，似乎，美食于他也是一种音乐的享受。

身边的男人一直都没有话，只慢慢啃着一个馒头，夹少量的菜吃。有时候，他会将一口馒头掰下来，放到菜水里蘸一蘸，而后很香地嚼着。那根鸡腿，女孩一直没有吃。男人终于开了口："凉了就不好了，赶紧吃吧。"

女孩就在这时，突然站起身，朝人群里走去。几分钟后，她端来了一大杯扎啤，羞涩地放到男人的手边，说："爸，喝吧。"说完了，又将那根鸡腿，用手认真地撕成一小片一小片地，并把其中的一半，放到男人的面前。

男人在女孩温暖的动作里端起酒杯，一口喝掉一半。他黑瘦的脸上，因了这喝下去的酒，即刻有了一抹慈爱的红光，亮堂堂地将女孩环绕住。

我对面的小男生，将营养与质量皆大于这对父女的午餐东西，津津有味地全部消灭干净的时候，女孩细细拆开的那根鸡腿还在盘中剩下一半。小男生推开碗盘，吹着口哨，趿拉着拖鞋，走进餐厅外的阳光里去，而我，不知为何，瞥见那一堆横七竖八的骨头，心里却浮起些微的忧伤。

我端起碗盘起身要走的时候，看到女孩细心地拿出一小片纸，将男人滴落在衣服上的一滴菜汁擦去。男人微微笑着说："不碍事，你把那几片鸡肉快吃了吧。"女孩这次很温顺地轻轻"嗯"一声，夹起鸡肉，很香很香地嚼着。而男人也端起酒杯，红光满面地将最后一口酒，全都倒入肚中。

走出餐厅的时候，我又回头看他们最后一眼，这一次，我瞥见原来餐厅里，有许多对这样的父女、父子，或者母女、母子，他们与许多年前的我与父亲一样，来自偏远而贫穷的山村，在火车刚刚驶入北京这个城市的时候，心里便开始慌乱，手足无措，并有微微的胆怯与自卑。我无法准确地预测这些来自乡村的孩子的未来，但我却从自己从容不迫、自信勇敢的脚步里知道，时光终会宽容地将他们拉上列车，与一批又一批的城市孩子们一起，去更远的地方，看更开阔的风景。

就像许多年前，我与那个女孩一样，为卑微的父亲在食堂里打了一杯自己都没有品过的可乐的时候，怎么也不会想到，而今的我，站在人群之中，可以有如此明朗澄澈的笑容。

痴缠

在初春的月亮下走路，常会看到自己的影子，不紧不慢地跟着我的脚步，穿过路灯的昏黄，经过一家即将打烊的花店，穿过一片小小的树林，掠过一只机警的野猫，抚过在风里飞旋的落叶。我很轻很轻地走，犹如一只夜间出行的蚂蚁。我甚至不敢回头，怕我的影子受了惊吓，躲到某片灌木丛里去，再也不肯陪我度过那些孤单行路的夜晚。

年少的时候，那么害怕自己的影子，它不会吵闹，也不会说笑，它没有温度，也没有魂魄，它的存在，假若保有意义，也只是提醒我，相比于别人闪耀的光环和成群的朋友，我是卑微又落寞的。形影相怜，说得多么恰切。于是我试图摆脱，在光亮的地方飞快地走，或者沿着可以隐去影子的墙根，悄无声息地走。我甚至祈祷，求影子不要再来追赶，我要走向那明亮的华丽的前方，我要挤进热闹的光鲜的人群，我要一切热浪般袭来的视线与关注。

可是我却一路孤独地，在青春的路上走了一程又一程，无人相伴，除了永不会开口说话的影子。记得那时曾经爱过一个人，很爱很爱，可是他并不知晓。我像一个影子一样，跟在他的身后，注视着光芒四射的他，在人群里穿梭来去，我知道他的一切，细致到他耳郭后一颗小小的痣，我都清晰记得。我常常在放学的路上偷偷地跟着他，拐过一条又一条小巷，直到最后，我走丢了他。下雪天的时候，我会踩着他留在雪地上的脚印，一下一下，清晰无误，透过厚厚的鞋子，我却能够感触到他脚掌心的温度，是湿漉漉的，带着玉石一样的温润。当我踩着那些脚印，在纷飞的雪中行走时，几乎有种幸福的晕眩。

这样影子的角色，我做了三年，毕业后我们各走天涯，再也不曾相见，可是我却再也难忘，那些雪夜的灯光下，我跟在一个从未注意过自己的男生后面，怀揣着满满的幸福和希望，温暖走过的时光。

此后的许多年，为了俗世中人人都想得到的梦想，奔波行走。可是却渐渐在喧哗的人群中，守着那些只是拿来炫耀的荣光，觉得疲惫。它们给我带来了别人不可企及的光环，却也让我失去了曾经只有影子相伴而行的静寂与淡然。我又开始找寻自己的影子，在寂静的夜晚，在一株树疏朗的枝干间，在路人倏忽而逝的柏油路上，在看得到点点灯光的高楼阳台上。我想念着我的影子，犹如想念着一个失去音讯已久的朋友，或者爱人。我期待着它重新回到我的身边，给我任何人都无法给予的灵魂的静谧与妥帖。

我在躁动不安中找了许久，也等了许久，它却迟迟不肯过来见我。直到初春的一个夜晚，我在将城市的噪音与尘埃一重重隔开的树林里，看到一棵高大的桐树。那株树已经枯萎了很久，它的枝杈在半空里随着冷风微微地颤动，不知是冷，还是因为惧怕与惶惑。它的身边偶尔会有一只野猫，嗖一下穿过，即刻便不见了踪影。再或，一只飞鸟停驻片刻，终究觉得孤寒，振翅飞去。这是一株在生命气息浓郁的丛林中，寻不到丝毫复苏迹象的枯树。它的存在，在尘世间似乎已经了无意义。可是，就在我绕过它，打算离去的时候，我突然看到了落在它身上的另一株大树的影子。那是一株生命力旺盛到已经顶着寒风，开始绽放出美丽花朵的桐树。它在月光下散发着一种迷人的葱郁的光泽，而且带着桐花蜜甜芬芳的味道。月光斜射下来，它挺拔的影子，就这样温柔地落在对面那株枯萎沉寂的树上，犹如一棵藤蔓，温柔地，爱怜地，忧伤地，缠绕依偎着它。

就在那一刻，我终于知道，原来影子也是有温度和灵魂的。它们穿越白日浮躁的尘埃，在有月光的冬日或者初春的夜晚，用这样无人知晓的方式，痴缠地守护着一株曾经有过风华的桐树。

就像年少时的我，曾那样热烈地、无悔地做过一个男生的影子。

蝉 蜕

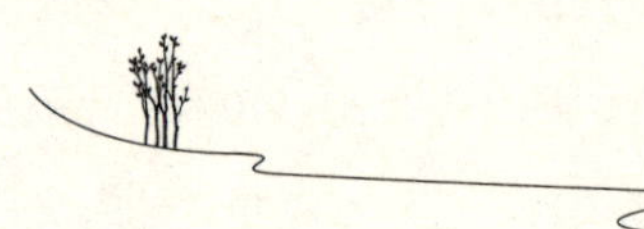

年少的时候，最喜欢做的事，便是在知了没有蜕皮之前，将它们捉了来，放入罐头瓶子里，在夏日夜晚的灯下，大人们都睡熟的时候，悄无声息地看那个瓶中的小虫，怎样静静地趴伏在光滑的玻璃上，开始它一生中最重要的蜕变。

这样的蜕变，常常是从它们的脊背开始的，那条长长的缝隙裂开的时候，我几乎能够感觉到它们的外壳与肌肉之间撕扯般的疼痛，它们整个的肉身在壳中剧烈地颤抖，挣扎，但却没有声息，我只听得见老式钟表在墙上发出滴答滴答的响声，蝉细细长长的腿扒着光滑的瓶壁，努力却又无济于事地攀爬。那条脊背上的缝隙越来越大，蝉犹如一个初生的婴儿，慢慢将新鲜柔嫩的肌肤裸露在寂静的夜里。但我从来都等不及看它如何从透明的壳里，如一枚去了皮的动人柔软的荔枝，脱颖而出。我总是趴在桌上迷迷糊糊地睡去，及至醒来，那只蝉早已通身变成了黑色，且有了能够飞上天空的翼翅。

因此我只有想象那只蝉在昏黄的灯下，是如何剥离青涩的壳，为了那个阳光下飞翔的梦想，奋力地挣扎，蠕动，撕扯，应该有分娩一样的阵痛，鲜明地牵引着每一根神经。我还怀疑它们会有眼泪，也会有惧怕和犹疑，不知道褪去这层壳，能否有想要的飞翔，是否会有明亮的歌声。我还曾经设想，如果某一只蝉像年少的我一样，总是害怕大人会发现自己想要离家出走的秘密，因此惶恐不安地在刚刚走出家门，便自动返了身，那它是否会永远待在漆黑的泥土里，一直到老？

但是这样的担忧，永远都不会成真。每一只蝉，都在地下历经十年的黑暗，爬出地面，攀至高大梧桐或者杨树上的第二天，为了不到三个月的飞翔之梦，便褪去旧衣衫一样，从容不迫地将束缚身体的外壳，弃置在树干之上。

这样振翅翱翔的代价，如果蝉有思想，它们应该明白，其实称得上昂贵。但是每年的夏日，它们依然前仆后继，义无反顾，就像每一个不想长大的孩子，最终都会被时光催促着，从视线飘忽不定、局促慌乱，到神情淡定自如、从容不迫。而这样的成长，其中所遭遇的疼痛，留下的伤痕，外人永远都不能明白的苦楚，全都化作沙子，生生地嵌入贝壳的身体，而后经由岁月，化成璀璨的珍珠。

而今我的90后的弟弟，历经着80后的我，曾经历经的一切惶惑与迷茫。他在一所不入流的职业技术学院，学一门连授课老师都认为毕业后即会失业的技术。他从乡村进入城市，被周围穿着时尚的同学排斥，他的那些自己尚且找不到出路的80后老师，根本连他的名字都记不住。他出门，被小偷尾随，抢去了手机，为了可以重新购买一个新的，他省吃俭用，从父母给的生活费里硬挤，却在一个月后，因过分节食而不幸病倒，只去医院就花去了几百。他在南方那个没有暖气的宿舍里，向我哭诉城市人的冷眼和没有朋友的孤单时，却没有换来我的任何安慰，因为，我也正在为工作和论文而焦灼。

其实我一直认定，他在走出家门独自面对那些纷争、喧哗和吵嚷时，自有一种柔韧的力量，可以让他在外人的白眼、嘲讽与击打中，挣脱出来，就像一株柔弱的草，可以穿越冷硬的石块，甚至是坚不可摧的头骨。他或许为了获得一份真情，或者一碗粥饭，而抛弃昔日宝贵的颜面，或许这样之后，依然一无所获，但是这样的代价，犹如蝉蜕，除非他一生都缩在黑暗的壳里，否则，必须要无情地遭遇。

我知道而今的他，依然不能够原谅我的冷淡与无情，他一次次希望能够从我这里，得到慰藉与帮助，可是我却置之不理，又假装对他的疼痛一无所知，毫无感触。可是我也知道，当他从那所名不见经传的学校里毕业，在社会中几经碰壁，受尽冷遇，然后终于寻到一份适合自己的工作的时候，他会明白我昔日的种种淡漠，不过是为了让他，在从校园到社会的这一程行走中，能够提前习惯这个俗世总是不能如意的温度。

这样的习惯，便是疼痛的蝉蜕。代价，永远都不能逃离。

只是一碗馄饨的温度

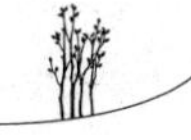

于他，我只是一个路人，吃过几次他的油条，说过一些不相干的话，有过手指的碰触，而那，也是因为付钱的需要。于我，他则是心灵上再也难以消除的印痕。

那段时间，因为一个暗恋了许久的人，我向公司请了假，千里迢迢地坐飞机飞往北京，试图用这样的方式，打动那人的心，让他知道我所有的死缠烂打，只是因为爱。第一次抵达北京，就住在他摊位旁边的一个公寓里。每天清晨，我起床洗漱完后，会到路边的小摊上吃些早点。他总是第一个到，最后一个走。我从来没有见他抬头看过路边的风景，也没有见他像别的摊主一样，互换着尝尝彼此的早点。他的脸永远都是烟熏火燎的颜色，像是一块黯淡的抹布，在角落里随意地丢着，除非是有用，没有人会想起它。他的手也永远在做着揉切翻夹的动作。只有顾客吃完后自动将钱放入旁边的纸箱里时，他才会抬头谦卑地笑笑，而后点头说声“慢走”。

他的油条色泽鲜亮，入口生津，是这一带出了名的。许多人吃了一次，会早起绕了弯再来。周围的人，都有帮手，要么是妻子，要么是孩子，或者老人，唯独他，始终是一个人，骑着三轮车寂寞地来去。只有一次，我看见一个十几岁的小女孩悄无声息地走过来，站在他的旁边。他的脸上即刻有了少见的光彩，像是一株草，突然遇到了温暖的阳光。他欣喜地搬来一条凳子，让女孩坐下，又问她想吃什么。女孩子懒懒地抬一下眼皮说：“随便。”他的眼睛飞快地扫视一下周围的早点摊，而后迅速地锁定在相邻摊位上热气腾腾的馄饨上。

他要了一碗分量很足的馄饨，给女孩子端过来，又憨厚地笑笑说：“馅多皮薄，很好吃呢。”女孩子并没有多少反应，埋头吃了半碗，便将筷子一丢，转身要走。他急急地将女孩子叫住，说：“上补习班的钱，一块儿拿着吧，我今天忙，没有时间给你送去了。”女孩子这才住了脚，接过他手里一沓浸满油渍的零钱，又不耐烦地咕哝了一句什么，便走开了。

那半碗凉掉的馄饨，他抬头看了许多次，眼睛里带着鲜明的渴盼，直到旁边的摊主淡漠地走过来，将碗收起，他才失落地重新将视线转移到忙碌的活计中去。

我暗恋的人，始终对我的热情，提不起兴趣。不管我怎样地努力，那人的心，都像是一块冷硬的坚冰，碰过去，碎的是我自己。一个星期的假期很快便过去，走的那天，我拖着行李去他的摊上，吃最后一次早点。已经是九点，只有一两个顾客在埋头匆匆吃着早餐。他坐在摊位后面，在春天的风沙里，右手拿着一个馒头，左手捏一块咸菜，低头吃着。筐里的油条还是热的，但他，却像是没有丝毫的兴趣，看也不看一眼。那顿早餐，因为城管来赶，吃得很是匆忙。走的时候，他一个劲地朝我道歉，说“下次再来”。我笑想，不知道还会不会再有下次。

一个月后，我出差去北京，想起那个始终不忍放弃的人，便私自多停留了一天，想着不管怎样惹那人厌弃，都要再去见上一面，或许，这次，爱情会同情于我。

照例是住在离那人的公司很近的公寓里。但早晨出门，却没有发现卖油条的摊子。我失落地买了一碗馄饨，边吃边等，希望能看到他骑着三轮车的瘦削的身影。但直到付钱要走时，也没有将他等到。忍不住好奇，问卖馄饨的女人，他去了哪里？女人只淡淡回我一句：死了，车祸。我吃惊问什么时候？女人数零钱的手慢慢地停住，叹口气说：“半个月前的一个早晨，在我这里吃了一碗馄饨，骑车回家的时候，被迎面而来的卡车撞出去十几米远。一年多了，他都没舍得在我这里吃一碗馄饨，那天不知怎么地，终于肯花钱要了一碗，也算是老天怜悯，让他走前能圆一个愿望，可怜他的女儿，母亲早逝，现在，供她读书的父亲也没了……”

我站在风沙肆虐的北京街头，许久都没有动，直到最后，眼睛被沙子迷住，我拼命地揉啊揉，眼泪终于哗哗流下来。

终于知道，什么才是这个世间最珍贵的，与其费力地追寻，不如守住身边所有。哪怕，只是一碗馄饨的温度。

糨糊人生你走不走

北京电影学院表演系的教学楼里，贴有每一级毕业学生的集体照，我一幅幅看过去，不由得便感慨时间的无情，想那光华的背后，原是有那么多人无声无息地便被时光给淡忘了。幸运的，或许只因一部电影，便光芒万丈。那闪烁的镁光灯，照亮的只是明星瞬间的芳华，而背后历经的种种艰辛和黑暗的时日，谁又能知道呢？就像大多数照片上毕业的学生，在走上社会后，都沦为平庸的常人，甚至因为这个行业更大的不稳定和操作因素，付出的远不是常人所能想象到的代价。

有些人，还在读书，因为获得这样那样的奖项，名字便被刻在了电影学院的墙壁上，供许多人仰慕。有些人，一生都光芒四射，照片便也被摆在墙上最显要的位置，让后世学习。有些人，在电影学院不过是一个名字，或者毕业照上，挤在人群里，连老师同学都想不起的面容。电影学院雕刻着几个导演大名的“金字塔”，倒真是对那些怀了明星梦的少男少女们，一个不大不小的讽刺，在电影这个圈子里，要想成为那尖顶上的人，没有将岁月熬成粥的精神，还是靠边站的好。

但关键是，熬成了粥，又能怎样呢？到最后，或许依然是那塔底默默无闻的一块砖，或者，一个圆滑到了无棱角的石子。而在这一团糨糊的庸常人生里，慢慢走下去，远不是我们想象的那样简单。尤其，是对于明星这个梦想巨大却也失落巨大的群体。

很多时候都是这样，我们怀揣了晶莹美丽的梦想上路，却在磕磕碰碰中发现，它不只变得与我们的面容一样灰尘仆仆，甚至最糟糕的，是在别人的拥挤里，连那梦想的水晶球，也给丢掉了。

我的一个叫涵的朋友，曾经在工作的第一年，每日熬夜学到很晚，只为了圆那个未曾实现的考研梦想。那半年她吃尽了苦头，被领导批不认真工作；异地男友很快另有新欢，与之分手；而她起初所报考的学校，因为难度太大，不得不中途改换方向；周围的同事不喜她略略有些孤僻的个性，而孤立于她，时常就在大庭广众之下让她出丑。就在她有些撑不下去的时候，一个叫凡的同事走到她的生活里来。凡对她的照顾和关爱，让她几乎毫不犹豫地就交付了自己的真心。

因了这突如其来的爱情，涵放弃了自己所有的理想。她相信爱情会给她想要的一切幸福，而她当初之所以努力考研，其实归根结底，也不过是寻找一个温暖的舟楫，可以渡她远离种种的不安稳。所以当凡出现，冷水中的她像抓住了救命稻草般地，再不想放手。

那时的我，与涵一样在不甘的攀爬中，不过是当涵结婚的喜讯传来的时候，我也同时收到了研究生的录取通知书。涵自此结婚生子，很快地走入世俗的生活；而我，则继续漂泊在路上，不知道终点处，是否有与涵一样看似温情的舟楫。三年之后我研究生毕业，在一所大学找到一份安稳的工作，而后与男友买了一个小小的居室，在城市里筑起自己的家。而此时的涵，却与老公开始了频繁的争吵。其实这争吵，在婚姻的初始便已存在。只不过那时初婚的甜蜜，暂时遮掩了彼此个性上的冲突。涵以为自己可以慢慢熬下去，熬到凡依然像初始那样地宠她爱她，且与自己一生厮守下去。最终，在凡醉酒动手打了涵之后，她给我打电话来，说：“安，我想离婚，我，真的是熬不下去了。”

当涵向我抱怨，她想要的生活不是这样的，她一直以为婚姻是爱情酿出的蜜，可是而今看来，并不是如此，旁观的我又能说什么呢？告诉涵她的选择是错误的吗？还是让她继续忍耐下去，或许那种昔日的激情依然会来？再或，直截了当地建议她与凡离婚，哪怕要自己一个人抚养两岁的儿子。

我终究只是给涵安慰，说：“你要再耐心一点，凡并不是没有意识到自己的错误，不过是他改变起来，需要费些时间罢了。或许，等到孩子大了，你们之间就不会有那么多的烦恼，而你与凡彼此尖锐的个性，也自会因为生活的安静，慢慢消融下去。”

似乎，在没有更好的办法之前，也只能这样慢慢熬下去，熬到时间终于从混沌一片的生活里浮出水面，露出清亮的眼睛。就像那些想像汤唯、巩俐或者章子怡一样，试图通过一部电影一夜成名的演员，在人生大部分的时间里，其实都是在艰难地熬着。

而这样的糨糊人生，你究竟走还是不走，似乎都是一个问题。不走，你永远都不会有出头的机会；走，或许一生都会如此籍籍无名。但总要明白的一个事实，就是时间的墙上，并没有足够的空间，可以让你的名字或者梦想，以最闪亮的方式铸刻在上面，更多数的人，不过是别人激情人生的一个衬里，破败的棉絮露出来了，补补，还是要挨过一个又一个的冬天。

熬不起与熬得起的，皆是人生。只是你，又想怎样度过？

步行等待落下很远的幸福

80后的朋友棋，是我们这一群里过得最滋润的一个。他在大学里当钢琴老师，除了每个月轻松赚来的不菲的薪水，还可以有丰厚的外快。每次出行，我和男友习惯性地去公交站牌下等，他都没有耐心，直接打车载我们去目的地，抵达后也总是抢着付账。

彼时他还单身，过着一人吃饱全家不饿的自在生活。不像我们已成房奴，被银行的债务重压着，小心翼翼地数着钱包里的钞票生活。外出旅行，能用三个轮的蹦蹦车，绝不会用四个轮的出租，假若可以用无轮的两只脚步行过去，哪怕走到大汗淋漓，只要可以省下钱来，也是肯下力气的。

于是每次大家聚到一块儿，都免不了在棋面前，带着点嫉妒，又夹着点无奈，自嘲揶揄一番，说自己不知到何时，才能从无轮人生到三轮人生，再到棋目前的四轮人生。如果混得不好，怕是岁月在我们身上刻下重重年轮的时候，还不能抵达棋的从容境界。

棋那时只在我们的醋意里很是受用地笑着，并不能深刻体会，我与男友这样提前步入柴米油盐的情侣，在交完月供后，便常常在捉襟见肘的俗世生活里怎样苦痛地挣扎，忍受着煎熬，又用阿Q的精神自我嘲弄着，寻一些小如气泡的快乐。

而男友，并不因此在棋自由自在的四轮人生里，像我一样地焦灼、艳羡。他只是更紧地牵住我的手，说："不管是几轮人生，最重要的是这一程里，我们的心是否快乐；况且，慢慢前行的人生，才能赏到更多的风景，品到更原汁原味的恬淡，而不是在模糊的车窗里，将一切美好的细节，来不及回味，便飞快地丢掉。”

我对于男友的解释，曾经不屑一顾，觉得他是在庸人自嘲，明明知道四轮人生，是他也想企及的梦想，那种站在人潮涌动、汗味弥漫的街头，装作漫不经心地挥一挥手，将车拦下的潇洒，他不是不想。他甚至在我们还没有拥有自行车的时候，就开始计划着，将来有了钱，去买一辆越野的跑车，每个周末都载我去满山清香的郊区，做一次惬意的有氧旅行。

后来有一天，棋终于不可免俗地跟我们一样，与爱情牵手，并开始踌躇满志地计划着自己的人生。也就是从这时开始，棋在聚会的时候，不再一脸居高临下地看着我们这群在俗世中挣扎的男女。而是渐渐现出愁容，总是抱怨漂亮的女友太能花钱，房子的面积有多大，他在女友心中的地位才有多广。原来很多时候，从奢侈到节约，原比逆流而上的艰难前行更为苦痛。

棋始终无法适应那种要紧缩口袋生活的尴尬，他与女友之间，也因为金钱的摩擦，而频频争吵，到最后，点滴的伤害累积起来，那四轮的出租终于载不动这吵嚷的爱，停靠下来，将其中的一个疲惫地放下。

原来这四轮的人生，很多时候，并不像我想象的那样轻松怡然，假若两个人彼此计较，不肯宽容，那么，看似宽松的空间，其实是充溢了更多的让人窒息的尘埃。而窗外那靠两只脚牵手行在路上的人，看过去倒有了一种闲庭散步的悠闲与淡定。

常在小区里碰到一对七十岁的老夫妇。每天清晨，为了买到新鲜又便宜的青菜，老人都会蹬着三轮车，载着他的老伴，去很远的菜市场买菜。或者，什么也不买，只是载着她，在湿润的早晨出一趟门。那时候整个的城市还很安静，车辆稀疏，行人静默。他们背靠着背，说着琐碎的家常，或者什么也不说，只微笑看着路边的风景。

我时常羡慕他们，想着自己也有那么一天，可以被男友载着，走到人生最完美的尽头。那样的美好，是两个人用双脚蹬出来的，所以也定会在这漫长又短暂的一程，留下深深的印痕。

而人生，很多时候就是这样简单。轮子越多，跑得越快，我们的灵魂就会被落得更远，一直到我们将它丢弃在拐角，方才明白，它曾经那么需要我们红尘之中的身体，为它停留。

倾听是心灵的慈悲

晨起在小区楼下的早点铺子里吃饭，听见几个东北口音的中年女人围坐在一起，说起在北京打拼的艰难。

其中一个，说每次有客人来，若家里其他人都出去了，女主人总会当着她的面，对客人说："家里就我一个，没有别人，多坐会儿吧。"这样一句话，每次都会让她伤心许久，她很想告诉女主人，难道在他们眼里，她真的和那些洗衣机、电饭煲、除尘器一样，只是没有生命的工具么？她可以一刻不停地干许多活，而不说一个累字，她也可以在吃饭的时候，永远都不上桌子，只在厨房里凑合一日三餐。可是，她却不能忍受雇主在言语上，带给自己的轻慢和忽视。那种累积在思想深处，因而成为一种习惯的冷淡，带来的伤痕，比刀子刻下的还要尖锐且持久。

另外一个，在做保姆之前，明明说好了只负责与孩子有关的事，但一家人，每每却忽略了她的身份，将她当成一个全职的家庭保姆，既负责老人，还负责家务，有时候她表现出劳累的疲态，言语刻薄的女主人就常常一句话扔过去，说："看，再多都是废话，已经不听你指令了。"她原本是个停不住的人，除了有些累，并没有对多出来的活，抱怨过什么，可是这样的苦干，换来的不是安慰，或者一抹感激的笑容，却是愈加苛刻的指责。

这是一群说着同样的方言，在同一个小区里工作，却彼此因为忙碌，而互不相识的女人，是这样一顿早餐，将她们聚在一起，且有机会彼此倾述心内的苦楚。她们没有多少钱，像我们这些白领，在鸡尾酒会或者时尚 party 上相识，留下名片，若有利益，此后继续来往。但她们在这个夏日清晨的谈话，却是内心最真诚的袒露，这样的安慰，既与金钱无关，也与利益相悖，她们只是恰好在北京的一个小吃铺里碰到了，做彼此最好的倾听者。

很多时候，人与人之间，就是这样忘记了倾听，且因此失去了彼此的信任与尊重。这个城市，散落着许多这样在我们眼里被遗忘的音符。我曾在一条街上，碰见一个被城管追得气喘吁吁的男人，他脖子上挂满了要出售的围裙、手套。还有叮叮当当的勺子。这是一个在城市里艰难讨生活的男人，或许，他手里出售的东西，还曾给城管的妻子提供过小小的方便，或许，他们也曾有擦肩而过的缘分，可是此刻，他们彼此只有追赶与逃跑的关系。

我很想拦住那个城管，问他一句：你有没有想过，这个男人其实是和你一样，有尊严的一个父亲，或者丈夫？若是他这样的尴尬与辛苦，恰好被他的妻子碰到，那么，她的心底该有怎样的心酸？他在这个繁华的城市里，已是在最底层小心翼翼地生活，如果我们无能为力，那么，为何连倾听的微薄的机会也不给他？很多时候，我们在最软弱的时候，需要的或许不是帮助，而是一双温暖的手，或者懂得慈悲倾听的双耳。

我喜欢天桥下面的那一片空地，天气好的时候，常会有一些骑着三轮，载着简单的剃头担子的老人，来这里给人理发。理一次头发，只收三块钱的费用。生意说不上好，但总是有人会来。看得出，来的都是无钱去理发店的民工，或者卖水果杂货的小商贩。阳光洒落下来，有风徐徐地吹过，剃头匠的小狗在清凉的风里跑来跑去。他们彼此素不相识，却在这样一个舒适的午后，毫无芥蒂地聊着小成本的买卖，待养的老婆孩子，碰到的沟沟坎坎。只是短短的十几分钟，可这样的闲聊，在结束的时候，却带给他们春风抚慰般的愉悦和知足。也正是这样的满足，可以鼓励着他们，在这个喧嚣的城市里，如一株承受着风雨雷电、沙尘酷暑、高楼挤压的法桐，继续坚强地站立下去。

假若，你在城市的某一个角落，遇见一个孤单又专注地吹奏萨克斯的男人，你能否安静地站立片刻，听一听他曲中的忧伤？假若，你在通往马路对面的地下走廊里，看到一个乞讨的老人，你能否弯下身去，将一枚硬币轻轻地放到他面前的盒中？假若，你在堵塞的公交车里，抬头看到那些在高空里作业的民工，你能否，将视线调整到真诚仰望的角度？

而这样的注视与停留，其实是另一种善良的倾听。而当我们的心，像双耳一样学会了倾听，那么，还能有什么可以阻止宽容、信任、爱与希望的游走？

忘记一粒沙子的温柔

曾经在一所中学做过一年的老师，彼时刚刚大学毕业，满怀一腔热情，几乎将全部的精力都投给了那些青春年少的学生。那时一直认定，只要自己有一颗足够温暖柔软的心，再怎么劣迹斑斑的学生，都会被自己感化，并在此后漫长的人生中，记住曾有这样一位老师，在迷惘的十字路口，给过他无私的指引和扶助。

我记得那时几乎耗尽了平生的气力，备课时从来不会偷懒，直接从教参上拷贝，而是像采撷缤纷花朵一样，在鲜亮的校园生活中，将60个孩子最美的瞬间，融入每一个英文例句、单词、幽默小品。每一次上课，我都像一个导演，领着这一群优秀的演员，尽享45分钟的舞台光芒。我依然可以清晰地记起那些孩子可爱的伎俩，他们故意在我巡查晚自习的时候，小声说笑，以此换来我在凉风习习的走廊上，给他们开的思想小灶；他们还会拿刁钻古怪的题目难为我，并用错误的答案误导我，以便看我上当后的窘迫；有时候他们站起来造句，会狡猾地问我最近有没有收到男友的情书，而后在哄堂大笑中，看我满面羞涩的桃花。

大多数时候，我纵容他们的任性无理、小奸小坏，并期望能用关爱温暖他们偶尔迷失的心灵。但还是会伤心失望，对那些个性鲜明到无法调和的孩子，充满了深深的无助和倦怠。甚至，很多次下定决心，要像周围的老同事一样，不再斤斤计较，只要成绩高高在上，他们的品德和言行，又与我有什么相关呢？毕竟，评选成绩总是一个具有决定性意义的砝码。

那年的秋天，为了加深对一篇课文的印象，我突破重重阻碍，终于成功申请到带他们出游的机会。临行前许多老教师叮嘱我说：“如果有了矛盾，一定记得板起面孔，不要吝惜任何力气教训他们，否则，你不让他们流泪，他们会让你流。”我当时只是笑笑，想哪有那么严重，平时上课，也未见他们放肆到哪里去，一次出游，又能有多少造次？顶多是在我给他们拍照的时候，拥挤着要抢占最佳地理位置罢了。

可惜，在刚刚抵达车站的时候，我便发现，一切并不像我想象得那样简单。因为一辆巴士坐不下那么多学生，势必要有一些人需要站一个小时，或者，坐在巴士准备好的矮小凳子上。于是许多有“主见”的学生便自作主张，要等半个小时后的下一辆巴士。我立刻着急地说：“那怎么行，我们是一个集体，不能有任何人单独活动。”一个高个子男生便在后面嚷：“老师，你们是大部队，我们是小分队，我们很快会与你们‘井冈山胜利会师’的！”周围学生一阵大笑，开车的师傅却无心听我们闲扯，催促道：“你们还走不走，知不知道每耽误一分钟，就让我少赚很多钱啊。”

我最终软硬兼施，“威胁”他们说：“如果谁不服从命令，我们这次出行立刻取消。”这一句，终于让那些学生一脸不情愿地上了车。但上车后并没有安静，许久都没有出游的他们，像是飞出笼子的鸟儿，欣喜若狂，忽而高歌，忽而大吼，忽而吵嚷，忽而将头伸出窗外去，朝路过的车辆挥手。

其实那时，我也不过是个22岁的敏感脆弱的女孩，对于这群十六七岁的孩子，并没有多么强的掌控力。但出于一个老师的职责，我还是将自己扮成一个力大无穷的水手，载着这些兴奋到忘记危险的孩子，小心翼翼地驶过险滩、急流、漩涡、暗礁，冲向那险境重生的彼岸。

那真是一场心智的较量。60个孩子，60颗古灵精怪、损招频出的心，当它们一起发射过来的时候，我几乎是无力可挡，任凭它们击中我最致命的胸口。

那次出行之后的很长时间，我都不愿意回忆种种让我感伤的细节。我不知道为何课堂上相处融洽的我们，到了山野，那股聚合的绳索便节节脱落。女孩子们三五成群地闹小团体主义，不过是一个转身，爱冒险的男生们便不知跑入哪一个岩洞。我行前设计好的路线，到了目的地，偏偏有那么几个人，吵闹着说不好玩，要另行修改。我绞尽脑汁，低声下气，循循善诱，声嘶力竭，差一点就在一个女孩子的抱怨里，落下眼泪来。但即便如此，也并没有多少人领情，或者说句安慰的话，那一群没心没肺起来，几乎是无情的孩子，尽情撒欢的时候，并不知道我在背后已经身心俱疲。

但我却因此，记住了他们每一个人生动的面容。一年后我辞职读研，临走前他们在上课，我站在窗外驻足许久，我知道尽管自己的热情已经渐渐减退，如果继续教下去，或许过不了几年，也会和办公室里其他同事那样，成为一根蔫掉的黄瓜。可是，当我这样凝视他们年轻的面容时，我还是明白，不管他们如何惹怒过我，我依然会将他们深深铭记在心中。

几年后我在街上，偶然遇到一个曾经冒险开辟新路，被我狠批一顿的学生，我一开口便叫出了他的名字，而他却是迷惑注视了我许久，才在提醒下想起我这个只教过他一年的英语老师。当然是没有多少的话说，尴尬之下，只谈谈彼此的近况和一些学生的去向，便匆匆告别。是落寞走了一程，才想起，我们都没有索要彼此的手机号码。

彼时我几乎无法接受，当年如蜡烛一样无悔燃烧的自己，怎么就被他们给忘记了呢？我为他们做的十年梦想卡，还认真地收藏着，却不想时间只过了一半，那卡上的人却已完全不记得我当年炽烈的情感。

后来有一天，我去海边，在沙滩上看到一双双年轻朝气的脚跑过岸边，它们所过之处，总是会溅起许多沙子，并在沙滩上留下深深浅浅的脚印。而那些奔跑的脚，却很快便忘记了那承载过它们的沙子。

时光的海水冲刷过来，掩盖了行过的足印，但那些温柔的沙子，却依然会记得，曾经踩着它们飞过的双脚的温度。

而一个老师，原也不过是承载千千万万个学生，奔赴远方的一粒沙子，会不会被记得，原本并不那么重要。

重要的是我的心，不会忘记年轻时候，那份曾经澎湃不息的热情。

第三辑

世界在谁的掌心里

世界像一个我们总想射中的箭靶，
所有向着靶心前行的人，
犹如在最外面的圆环上，
努力向着中心攀爬的小小的蚂蚁，或者蜗牛。
我们所做的一切努力，
则是为了离世界中心的那点温暖，
近一些，再近一些。

与你偶遇在孤单的旅程

因为工作与学习的原因，每个月，我都会在北京和J城之间往返辗转。在路上，成为我生活的另一种常态。我已经习惯了坐在摇摇晃晃的K45次列车上，打开电脑，塞上耳机看电影，或者，将歌声放到最大，直至湮没了周围的喧嚣。而我的心，则随了寂寞的歌声，飞到窗外的旷野里去。很多时候，我就是这样，明明在嘈杂的人群中，却刻意地将自己封闭在壳里，并常常将这壳中的世界，看作朗朗的乾坤，并以为除此之外，便都是如火车穿越轨道一样单调乏味的声响。

我一度将这样的旅程当作一种负累，如果了无歌声，我几乎不知道该如何在拥挤的人群里，挨过漫长的六个小时的车程。从晨起奔赴车站，这一天的时间，几乎都交付了这一段旅程，而它，除了耗掉我宝贵的时间，却什么都没有给我。

是的，我一直想要从这样频繁的旅程中索取到什么。直到有一天，我不经意间回头，发现原来最璀璨的那片花儿，一直在自己身边，而我，却费尽心机地想要借助外力，远远地逃开去。

是先遇到了那群新兵。他们背着统一的军绿色的背包，在一个老兵的带领下一路小跑，从车站入口处齐刷刷地站到检票口前。我当时正随着人群漫不经心地朝前走着，不经意间向左扭头，恰与一个一脸稚气的小兵对视。他好奇地足足看了我有一分钟，才微笑着将头扭向检票口。他在看我什么呢？胸前名牌大学的校徽？散漫不经的视线？细细长长的耳机？抑或，我的存在本身，于他便是一种值得观望的风景？

那是我第一次亲历新兵的入伍。他们从四面八方的小城里聚拢来，彼此陌生，不知道新的队伍驻扎在何处，亦不知道谁会与自己坐在一起，谁又会成为生死与共的战友。在他们的心里，一切都是远方地平线上的风景，那样遥远，又如此迷人。从离开父母亲朋的那一刻，他们的心便随着旅程一起上路。正是18岁的少年，一切都是新鲜，一切都是惶恐，步步都是未知的风景。而旅程中的一切，不仅仅是作为旅程，更为重要的，是作为一种印迹，嵌入他们的青春。就像沙子嵌入贝壳。疼痛，却也必会在日后有闪烁的光华。

待那群素朴的新兵经过，我跟着人群挤上火车，在忙乱中，终于找到自己的位置，安顿下自己的行李，一抬头，看到一个女孩子正站在车窗外，努力地比划着什么。而我对面一个面容平凡衣着粗糙的女孩，则时而抬头视线躲闪地看向窗外，时而低头摘着劣质羽绒服上飞出的毛毛，或者衣角袖口处新起的难堪的毛球。这是一个内向的女孩，看她臃肿的行李，便知道她定是在北京的某个地方打工，但不知为何无功而返。而那送她的女孩，衣着干净，脸上又有刻意描画的妆容。这是一场两个女孩间的告别。我猜测两个女孩子或许从同一个偏远的山村走出来，只是在竞争激烈的北京，她们昔日的那份真情，与她们之间悄无声息的改变一起有了变化。其中的一个，在北京如一尾鱼，尽管也觉得渺茫无依，但却有从沟渠到大海的快乐与欢欣；而另一个，终因无法适应北京残酷的节奏，像一块多余的赘肉，被飞速行走的城市毫不留情地抛开。

而这样的分别，当是尴尬又冰凉的。就像窗外干冷的空气，人走在其中，觉得了无依靠，清冷孤单。而就在我为这被北京丢下的女孩，觉得凄凉的时候，窗外的女孩突然开始用力地在车窗上哈气，待车窗上有了一层朦胧的水汽，她开始快速地在玻璃上写道：到家后给我电话，注意安全，路上小心。女孩的字，写得有些稚嫩，但还是看得出，每一个字她都是用了心的。她将那些无言的不舍、牵挂、想念、怜惜，全都融汇到这句很快在冷风里消散的字里。她就这样飞速地写着，哈着，而后又写，又重新哈气。她告诉车内拘谨的女孩，要照顾好自己，有事给她打电话，也要记得代她向阿姨问好。对面的女孩努力地辨识着玻璃上反着的字，又在每一行字逝去的时候，眼圈红了又红。隔着窗户，她始终没有开口说一句话，哪怕一句谢谢。她只是用手势比划着，告诉外面的女孩，不必送了，走吧。

当火车终于在 20 分钟后启程的时候，女孩又追着火车跑了一程，但很快，她和那些没有说出的话，一起被远远抛在了后面。而就在此刻，我抬头看对面的女孩，她的眼泪在我毫无遮掩的注视下，哗一下流了出来。

而我想，这段旅程给予她的，当是比在北京漂泊的时日还要长久，深刻，且再也难以忘记。

那一次北京到 J 城的旅途，我依然清晰记得，整个车厢被返乡的民工挤得了无空隙。推车卖福州鱼丸的服务员，需要花费许久，才能艰难地走出一节车厢；而那些民工，因有同伴的陪同，言语便像炸开的烟花，肆无忌惮的喧哗，在半空里拥挤。我的耳朵，被那些听不懂的方言充斥着，直至有被连根拔起的苦痛。

那当然不是一次愉悦的旅程，窗外萧瑟寂寥，车内则是混杂喧嚣。而我却很奇怪地，从始至终都心怀感恩。

其实生命中那些长长短短的旅程，寂寞也罢，喧哗也好，其中的每一段，都值得我们用力地感激，且深深地铭记。

那么短的一程人生，走过已属幸运，而能够在旅程之外，看到爱与青春的影子，像窗外飞快退去的树木，一闪而过的溪流，沉默走远的山岚，谁又能说，这不是生命刻意安排的另一种偶遇？

女孩子的花

校园里有一个花店，很小，只有一个员工，是个 20 岁的女孩子。我没有问过她的名字，但我喜欢叫她叶子，因为每每在窗外瞥见，她总是隐在一丛丛馥郁的花里，白的、蓝的、粉的、紫的，而她，则似那翩翩一叶，风吹过的时候，温柔地抚着每一片花瓣。

叶子是那种素朴到无人会去关注的女孩。有人买花，进门总是先四下张望片刻，才会在绚烂的花丛里，瞥见她瘦瘦的背影。来者大多是男孩，为了爱情，买花送给暗恋的女孩。所以他们的视线，从来不会落在朴素的叶子身上。他们常常催促说："可以快点吗？我的女孩在等着呢。"叶子总是羞涩地抬头看男孩一眼，抿嘴一笑，轻声道："快了花儿会疼呢。"男孩子们大约是不会认真听她的这句梦呓似的话，即便是听到了，也了无反应。他们只想急匆匆地付了钱，抱着花儿追赶爱情的飞鸟，至于这个小店里，一个女孩子怜惜的一句"花儿会疼"，于他们不过是浮光掠影，过后即忘。

但叶子并不会计较他们的粗心，她在包完花后，总会温柔地笑着看他们离去，似乎，那花儿从她的手中传递出去，便带了她的祝福和温度。她倚在碧绿的橱窗前，用手托着腮，看着那捧了大束玫瑰远去的男孩，唇角总会不由自主地微微上翘，笑了出来。我曾经问她究竟在笑什么呢？叶子总是红了脸，慌乱地去寻事做。但我还是猜出了叶子的心思，她只是，暂时地将自己想象成那收到玫瑰的女孩，并因这样的想象，而愈加地热爱身边的每一朵花。

叶子最喜欢的是幸福草，蓬生的一盆，在角落里并不显眼，很少有人会注意到这样寂静不张扬的花，甚至它的橘黄色的小花朵，不仔细看，几乎会忽略掉。这种花并不好卖，老板大批地运来玫瑰、百合，唯独对盆栽的幸福草极少关注。每次总是那么几盆，孤零零地在花架上，有顾客来，视线瞥到，连一秒钟都不会停留。

但叶子却将幸福草视作珍宝。她说这种无需精心照料，便能活出一片喜悦天地来的花，像极了她自己。两年前她从安徽一个贫穷的山村里来到北京，因为没有读过大学，工作四处碰壁，最终，是这家花店的老板，看她做事稳妥，这才收留。薪水当然不高，除去吃饭租房，每月她只能攒下很少的一点，寄回家去。但就是这样一份没有多少人喜欢做的工作，叶子却做得有声有色。花店的玻璃橱窗，总是被她擦得纤尘不染，路过的人，几乎可以看得到她劳碌时，额前沁着的细密的汗珠。我问她这样日复一日地为别人送花，有没有累的时候？她便反问我说：“天天都可以闻到花香，看到花朵绽放，有谁会累呢？”

我的确不曾见过叶子有过疲惫，她永远都是花店里最精力充沛的那一株“幸福草”，小声哼着歌儿，脚步轻盈地在一盆盆花之间穿梭来往，如果穿了裙子，她会小心翼翼地提起裙裾，似乎怕碰疼了那些娇羞吐蕊的花瓣。常有顾客在花丛间走来走去，将文竹的叶子，或者小小的雏菊，碰得哗啦啦响。每每此时，叶子总是心疼地恳求顾客，让他们轻一点，再轻一点。

叶子说，每一朵花都是有生命的。白掌似一叶航行的帆船，绿萝总是在梦里泼墨似的将绿意倾泻而下，夕雾草是一往情深的女孩，跳舞兰是轻盈活泼的一泓泉水，尤加利永远活在蓝色的记忆里，三色堇是沉思的诗人，山茶花则是春天热烈奔放的女子……而幸福草呢，则是一个女孩子温柔的头发，埋进头去深深嗅一下，有茉莉的浅香，让人沉迷流连。

我终于明白为何身边学电影的朋友，不管是拍摄纪录片还是剧情片，总会来这个花屋里取景。他们喜欢的，不只是这里美丽的花草，而是侍弄这些花草的主人，她站在其中，就像那一蓬蓬的幸福草，不说一个字，却用一抹纯净的注视和微笑，将世俗的一切嘈杂烦乱，悄无声息地涤荡掉。

而这样快乐单纯的一盆幸福草，我愿意，将它看作是属于女孩子的花。

薇丫头

朋友的店铺，开在大学城最繁华的路段上，所以几乎是每天，都有很多面容新鲜的女孩子叽叽喳喳地涌进来。我喜欢这个叫“薇丫头”的店铺，并不是朋友的缘故，更多的，倒是因为爱与店里叫薇的女孩子闲扯上几句。

薇不过 19 岁，却已在这个城市里独自闯荡了两年，所以她的眼睛里，有同龄的女孩子没有的忧伤与成熟。黄昏的时候，店里人少，薇趴在柜台上，听我有一搭没一搭地问话。薇的言语总是简洁，起初我以为她是害羞，后来才知道，那不过是她自己处世的一种方式，她在城市漂泊的两年里，学会了在陌生人的打量问询里，用冷淡的外表包裹起自己。但我还是喜欢她，冬日的阳光懒懒地射进暖气充足的店里，薇温柔地劝那些与她一样年轻的女孩子，买下试穿的漂亮毛衣。总是三言两语，女孩子们便被薇说动了心，一脸欣喜地掏钱买了穿出门去。我问薇：“为什么有时候她们明明知道这衣服你卖贵了，还是甘心要买呢？”薇听了便抿嘴笑，不言语。但我知道那一刻，薇的心里是快乐的，一种被人承认且接纳的喜悦，让薇像那纯美的花儿，在与她无关的一片繁华里，清香绽放。

因为有了薇，朋友的小店经营得有声有色。但我几次劝说朋友给薇多加些工钱，都被拒绝了。朋友说，要都像你一样心软，商人还如何吃饭？她不过是我雇来的员工，为老板卖命工作，那也是分内的事，况且，像她一样等着做工的女孩子，这个城市一抓一大把呢！我很难过，为薇。是的，她在朋友的眼里，不过是尘埃一样无足轻重，如果不高兴，朋友随时都可以请她走人。可是辞掉了薇，朋友又去哪里寻到如此聪慧乖巧又坚强的女孩？有谁还会在新衣上架的时候，在门前的信息板上，画一个眼睛明亮神情可爱的卡通娃娃，来吸引顾客进门？有谁会把衣服摆出各样的艺术 pose，挂在墙上？又有谁会每日清晨哼着歌儿，将店铺打扫得窗明几净？把店铺当成家一样热爱着，怕是只有薇才会吧。

薇很少对我提起她的家人，但我还是断断续续地，知道她的父亲早已去世。她高中读到一半便毅然退学，挣钱供自己的小妹读书。我曾经试着问她有没有后悔过，但她从来都是将我的问题跳过，不肯作答。后来有一天，我偶尔看到她倚在门口，神情复杂地看着那些衣着时尚面容骄傲的女孩子，才终于明白，薇心内其实是一直都在后悔的，只是现实让她只能这样隔街望一眼，那曾经想要的未来，便用世俗的喧闹，将她一把拦住。

我几次邀请薇去我任教的大学散步，都被她拒绝了。我以为她是敏感，怕在高傲的大学生面前伤了自尊，但几个月后，却在校园的水杉林里，看到了薇。而且，竟是和我认识的一个男孩。薇的手，被男孩紧紧地握着，她脸上的幸福如一湾潺潺的小溪，清亮无比。薇，显然是遇见了她生命里的初恋。

那个男孩学的是艺术设计，他第一次到店里来，便被薇别致的设计打动，外人只知道薇是个打工的女孩，但他却一下子看穿了薇的不甘与渴盼。是他先写了情书过来，薇很快用一整颗心迎合过去。她把自己化作一团火，将这份浓浓的爱恋熊熊地包裹住，连我这不再相信爱情的人见了，都觉得温暖。每到吃饭的时候，男孩都会过来，远远地就喊她“薇丫头”，薇常常忘了顾客，瞬间便冲到马路对面去，将他环拥住，而后仰头傻傻地笑望着他。那时候的薇，如一朵百合花，听到春天的呼唤，迫不及待地便哗一下绽开了。

一向内敛的薇，在这场爱情里，丢掉了所有的矜持和羞涩。她的心里，有多少爱，她便完全地展露给他。她从来没有像那些有心计的女大学生一样，在爱情里学会周旋，学会计算得失，学会从容自如地进退。薇只是去爱，并且尽情享受着这份在别人看来，差别悬殊的爱情。薇开始跟着男孩去大学里听课，昔日她所向往着的生活，终于啪的一下向她打开了大门。男孩在学校里也是稍有名气的，爱上一个打工的女孩，更是让他的知名度一夜间飙升。他与薇牵手走在校园里，总会有许多的人议论指点。我不知道男孩有没有过退缩，但我却清楚，自始至终，薇都是没有过犹豫的。她知道自己配不上他，但还是执拗地爱着。

店里不知何时开始断断续续地进来一些女孩子，她们并不买衣服，只是假装饶有兴趣地环顾一圈，便笑着离开，走出去老远，还会回头看一眼辛勤忙碌的薇。有时候她们也不进来，只站在门口观望一阵，说："这就是那个爱上我们校草的薇丫头，看她把店里的镜子擦得多么清晰，可是为什么她从来不照照自己呢？"这样的话，很快让朋友听了去。朋友很果断地对薇说："要么辞职，要么离开那个男孩，别再给店铺带来不必要的麻烦。"我知道朋友不过是一句警告，她是舍不得像薇这样灵巧的员工的。但薇却在朋友的叱责里，轻轻说："好，我走。"

这是朋友没有想到的结局，不过是一场看不到结果的爱情，薇却选择了为之丢掉赖以谋生的工作。我赶过去劝薇，薇却在我还没有开口时就说："姐姐，你也不了解薇吗，你知道她即便是将来后悔，也会去做的。"

我终于在薇的这句话里保持了沉默。我想，薇会受伤，可是，她亦会因为曾为一份不可能的爱情努力过，而心内喜悦。

一年后，我便再也看不到薇。那个男孩的身边，开始换了另外一个时尚光鲜的女孩，一眼看过去便知道，在世俗生活里，他们是相配的。可是，我还是忘不了薇，这样一个在与她无关的冷漠城市里，为了渴望着的幸福与爱情，曾经不顾一切地与生活争抢过的丫头。

谢谢你为我歌唱

在开往北京站的地铁上，我遇到了他们。

是先注意到她的，一个不过十八九岁的农村女孩，大大的包裹，几乎占据了好几个人的位置。正是下班的高峰期，人心在日间的奔波里，已如一个被踢打得伤痕累累的足球，本已失去了耐性，所以任何外来的摩擦，都会针一样将内里膨胀的气体全都发泄出来。不知是谁被人踩了一脚，骂骂咧咧地吵嚷开，一只欲要跺下去的脚，正巧踩到了女孩子的编织袋。像是一只左冲右突中终于寻到了出口的小兽，那个气急败坏的男人，将地下闷头闷脑的编织袋，恶狠狠踢了一脚，骂道："你这袋里装的是活人怎么着，占这么大地方？行李不收费，也不能这么招摇啊，干脆将你整个家都搬到北京地铁得了！"

周围人的视线，在这一通喊叫里，全都淡漠地看过来，像看一场与己无关的电影。不管其中缩在角落里的女孩子，怎样卑微地低头认错，低低地说对不起，看客们照例在下面闲闲嗑着瓜子，品着奶昔，嚼着糖块。也有人在女孩子的窘迫里，不屑地丢一个白眼，而后转过脸去，继续看窗外急速滑过的风景。

没有人注意到女孩子的眼睛悄无声息地红了，她将行李紧紧地贴在车厢壁上，而自己则如一株藤蔓，以最小的空间依附在行李袋上。尽管她尽力地别过脸去，不让对面的我看到她的眼泪，但我还是从她耸动的双肩上，窥见了她内心的伤痕。我突然对那一刻的她，生出些许的同情，我很想走过去，拍拍她瘦削的臂膀，告诉她别跟那些冷漠的城市人计较，或许他们自己的生活，也被生活的重担压得几乎没了喘息的机会，否则不会这样焦躁暴怒；或许他们有比你的贫穷更难堪的内核，只是不会像你起了毛球的衣服，那么轻易地就被人窥到。

而那个弹吉他的男孩，就是在这时映入了我的视线。起初隔着拥挤的人群，听到浅淡柔软的歌声，水一样温柔漫过来的时候，我以为是地铁广播里播放的音乐，所以便微闭上双眼，静静享受这闭塞空间里难得的心灵之音。片刻之后，睁开眼睛，便看到了他。大约也是十八九岁的少年，怀抱着吉他，深情唱着一首美国的乡村歌曲，大大的吉他袋子则系在腰间。如果不是无意间瞥见里面散乱的一元的钞票，我是不会相信这个有着温暖笑意的帅气男孩，是来地铁卖唱挣钱的。或许很多人都习惯了这样艺术的乞讨方式，或许他们为生计奔波的心里，已经没有了音乐的位置，亦或许他们根本就不屑搭理这个笑容青涩，眼神却并不卑微的男孩。

这样的冷落，男孩并不介意，他依然专心地弹着吉他，将优美的歌声和恬淡的微笑，花一样徐徐绽放在空中。偶尔有人投一个硬币给他，则鞠一下躬，真诚地道声谢谢，言语里听不出任何因贫穷而生的卑微和躲闪，似乎他到这里来只是为了唱歌，若是听众给钱，则是对他歌声的赞美，不给，亦是情理之中的事。

就在男孩准备下车的时候，角落里一直低头拭泪的女孩，突然伸过手来，将一元攥皱了的纸币，轻轻投入男孩的钱袋。男孩看到这个衣衫黯淡、眼睛红肿的女孩，有一瞬间的诧异，但很快他就如往昔一样，深深地鞠一下躬，柔声说一声谢谢。那一刻，我在男孩的平静里，为自己脸上鲜明的惊讶而愧疚。我想为什么贫穷的人，就没有资格给予一份微薄的捐助呢，这个世界上，爱心的捐献，是不分贫富与贵贱的吧?

就在车门打开，男孩抱了吉他马上就要下去的时候，在一阵混乱里，女孩竟是丢下自己的行李，两步赶过来，在喧嚣里红着脸对男孩说了声“谢谢”。她的声音不大，但我还是听得清晰，且知道，为了这两个字，她当是鼓足了生平所有积蓄的勇气。

车门又关上的时候，那个女孩的脸上，已不复先前的感伤。她秀气的眉眼里，竟是神奇般地染上了男孩飞扬的神采。似乎，他并没有走远，而是依然陪在她的身边，一首首地唱着那些将她的心深深浸润了的歌曲。

事实上，男孩的确没有走远，他只是去了隔壁的车厢，依然是唱着，只是听不见声音，只看见他的唇在一群人中开开合合着。偶尔，从窗户里看见这边女孩的影子，会浮上一抹只有他与女孩，才能真正懂得的微笑。

我想这微笑，不是穷人之间生出的惺惺相惜，而是因为这一程陌生的旅程，他们曾经如此结实地被感动簇拥。

我在途中，我在歌中

我喜欢一切流动的东西，船、巴士、公交、火车、地铁、半空里旋转的飞轮。我在其上，觉得自己像水一样自如流淌。若是闭上眼睛，耳边有风，或者更好一些，有一段恰合心情的音乐温柔地流过，抑或激情四溢，让你的整个灵魂都跟着飞扬。是的，一段旅程，哪怕再怎么短暂，如果了无音乐，几乎像是天空少了飞鸟，水中没了游鱼，森林缺了走兽，所有本该灵动斑斓的风景，还有附着在躯壳上的飞翔的灵魂，都会脱水，乏味，焦虑不安。

有一段时间，每日都需要穿越大半个城市，从租住的小屋到实习的报社上班。消耗在公交上的时间，常有两个小时。有许多辆抵达报社的公交，但我唯独喜欢其中的 72 路。公交车司机是个少言的男人，他最常做的，便是将一个 DV 的碟子放入一旁的机子里，而后便安静地倾听歌曲优美的旋律。都是上个世纪的老歌，但放在那样彼此陌生的环境里，却有一种特别的柔软，缓缓地将车内的疏离收缩聚拢。人心间的空隙，就被这样游丝般的气息慢慢地注满，直至这一段旅程，在一个又一个站牌下，结束，又重新开始。

曾经印象最深的歌，是谢东的《笑脸》。那时关于他身世和生活状况的报道，正是最盛。突然在公交的屏幕上，看到他长满青春痘的笑脸，那样单纯地唱着，有一个衣着素朴的女子陪伴身旁，MTV 与现在相比，拍得略略含蓄，但我还是被这首歌简单的旋律，瞬间击中。我想起十几年前，谢东的这首歌正红的时候，我还是一个年少的女孩，有比屏幕上的女子更年轻更纯净的笑容。毕业的留言册上，最后一页有印制的《笑脸》的歌词，歌词的反面，谢东傻傻地在蓝天花丛的背景下，冲我们每一个人笑。那时的我，或许永远也不会想到，这个一首即唱红南北的歌手，会落到如此落魄不堪的境地；亦不会想到，会以这样的方式，与一个不复存在的笑脸，怦然相遇。那样的感慨和惆怅，短短的一个小时的旅程，不足以消散。我记得我花了很长的时间，才将人生无法预测的种种偶然和震荡，慢慢梳理清晰。而这段旅程，也因为这首老歌，悄然潜入我的记忆。

半年后，我开始在两个城市间，为了工作与爱情奔波往返。每个周末，都会坐两个多小时的车，去J城看望所爱的人。所乘坐的那辆车，总会在远离市区驶入高速的时候，放异国的歌曲。每每都听不懂里面的歌词，但那时而动感时而忧伤的曲子，却让一颗心生了翼翅，随车飞越绵延不绝的田地和树木。那时的人，在摇晃拥挤又闭塞的车中，灵魂却已经飞离躯壳，自由驰骋。窗外一闪而过的孤单的农人，水田里努力向上的秧苗，河面上年久失修的木桥，风中起伏的麦浪，寂寞垂钓的渔者，路旁用力攀岩的藤蔓，天边烧灼般的云彩，所有这一切，都被不知名的歌声罩上薄纱般轻柔的色泽，在视线里一一滑过。而暂时无法合拢的爱情与生活，就这样被音乐牵引着，温柔地向前，向前，一直到我向往的幸福的终点。

那是一段焦灼又疲惫的时光，一次次的奔波，常让我对于未来，生出无助和疑惑，但每每踏上旅程，不管是回，还是去，我的心在音乐里，总会如一朵莲花，睡过之后，打个懒散的呵欠，便又在嬉戏的鱼中，安然绽放。我记得听得最多的歌，是班得瑞的《追梦人》，那样执着又明亮的曲子，常常让我在瞬间，便随了开启的车，勇敢地踏上未知但却坚信美好的旅程。

后来，因为学习，开始很多次地在北京和另一个城市间往返。为了省钱，坐最便宜的硬座，车内嘈杂，不再有人播放音乐，我便用小小的耳塞，将喧嚣的世界挡在心灵之外。听的依然是老歌。我喜欢那些久经了时间的歌声，它们在岁月的沙滩上，如一枚枚扇贝，只有懂得的人，才会发现它们隐在壳下的闪亮的珍珠。每一首歌，都是在行前精挑细选，放入明蓝色的MP3中。旅程对我宛若奔赴一个爱人的约会，在这行程中，淡而远的歌声，无声无息流过的风景，小而静的站台，暗夜中闪烁的灯火，车内昏沉的旅人，全都化成一个个音符，与歌声一起，弹拨着心灵的琴弦。而那终点处，必有爱人的笑脸，结实的拥抱，或是一杯飘香的绿茶，温情等待着我……

有一天，一个朋友短信问我：你在哪里呢？我说，我不在歌声萦绕的途中，就在去往途中的歌声里。其实我想告诉朋友，我希望自己是一只飞鸟，时刻等待着飞翔，时刻向往着靠近那大朵大朵的云彩，还有明净的天空。而音乐，便是这将我包容了的云朵和碧空，它们化成无边的背景，却让我的飞翔变得如此纯净、恬淡，又高远……

那些温暖闪亮的细节

与朋友去天坛，在一扇古老的门前欲拍照留念，举起相机，却因为周围来往穿梭的人挡住了背后的风景，始终找不到一个合适的瞬间，给朋友留一份干净的回忆。无奈之下，打算将就拍下一张，当作“到此一游”的凭证。

就在这时，背景里走过来一个瘦高个子的老外，不知道究竟是哪国人，但温文尔雅的风度，还是一下子吸引了我。正当我想要按下快门，将他作为风景一起摄入镜头的时候，他突然快步地朝门的左侧走去。等我拍完了抬头看去，对面已了无他的踪影，正诧异之时，他从一扇门后探出头来，孩子似的朝我做个鬼脸，又报以歉意的微笑，而后便将视线落在我的相机上。只顾得看相机里刚刚拍下的照片，并没有注意他何时又将头缩了回去。等我们磨磨蹭蹭地欣赏完，走过门口时，他又从门后探出头来，指指相机笑问道：“OK？”

终于明白过来，他一直躲在门后，原是为我们拍照腾出一小片洁净的空间，尽管在这样人山人海的旅游景点，照片的背景上少了他一个，并不会有多少的改变。但那一刻，看着他温暖明亮的微笑和笑里真诚的歉意，突然地就被这个异国的绅士深深地感动。不过是一份细微到不易察觉的礼让，很多时候，我们国人常会将这样的礼让与风度，在出行之前，便丢弃在行李包的外面。我们以为这样便能够轻松上路，却忘了予人玫瑰，手有余香。这样温暖人心的细节，在拥挤的人群里漠然丢掉的时候，那所及之处的一片狼藉，刺伤的，其实是我们自己的眼睛。

又想起另外一件小事，是有一年的夏天，在陌生的北京，因为四处找寻工作，寄宿在一个朋友的宿舍里。因为朋友不常回来，宿舍里基本上就只有我和另外两个女生。一个人奔波在外，已是心力交瘁，再有一点风吹草动，就常常会觉得世界坍塌，内心一片虚无。而宿舍里素来言语刻薄的一个女生，恰在我接连被几家单位拒绝之后，丢了一笔钱，且含沙射影地将怀疑的矛头最先指向了我。

我不是个擅与人争辩的女子，但两个人还是在视线的摩擦之中，噼噼啪啪地刮起不快的毛球。是那个女生先发制人，说我寄宿在别人的宿舍，却不懂得守别人的规矩，每天清晨那么早爬起来，扰了她的美梦不说，害得她脸上痘痘都跟着频繁；又说既然连房子都舍不得花钱去租，还怎么好意思在北京找工作，回自己的小县城多好。终于忍不住，在她直截了当地问我有没有将钥匙借给他人用的时候，我趴在床上大声哭了出来。

不知这样孤单地哭了有多久，只知道窗外的路灯一盏盏地亮起来，将室内静寂的一切，笼在朦胧轻微的光影里。口有些干，伸手去拿床头的杯子，触到的时候，却觉壁上覆了冰块一样的凉。黑暗中只喝了一口，那沁人心脾的凉爽，便将心内所有的不快全部涤荡掉。味蕾绽开，我终于品出，那是一杯冰镇的可乐。

抬头，这才看到上铺的另一个女孩正朝我微笑。窗外人声淡远，蝉鸣渐歇，稀疏的几颗星星悬在天边，月亮的光泽如此柔美安静，动人心弦。女孩塞了耳机，但依然可以听见，有舒缓的小夜曲流溢出来。许多年过去，我依然记得那个夏日的夜晚，记得那个同居一室的女孩，在我遭受委屈的时候，并没有帮我辩解什么，但却用一杯清凉的可乐，一抹恬美的微笑，无声地慰藉了我无助漂泊的心。

一路行走，正是这样小而又小的花火，一闪一闪地照亮着寂寞的行程，让我有足够的信心，走在人海之中，执着，坚强，且从容不迫。

尘世中你是谁眼中的风景

常常在路上，遇到许多与人有关的风景。

阳光很好的冬日，会看到小区的花园里，有坐在轮椅上的老人，他们被各自的保姆推出来晒温暖的阳光。他们中的大多数，都已经老得无法言语，或者近乎痴呆。时光在他们身上像是停住了，他们在各自的时代里冥想，或者沉思，不理会外界的纷扰。就像，他们在农村来的几个保姆谈笑里，视线依然空茫又缥缈，看着那不可知的远方，连落在身边温情脉脉的阳光，都可以忽略。

而他们打扮朴实的保姆们，则生机勃勃地聊着家常，时不时地过去帮他们整整衣领，又像对待自己的孩子一样，夸着他们乖，肯吃饭。他们与保姆之间，几乎没有交流，偶尔几句，也是保姆们哄小孩一样的自言自语。

我每次经过，总喜欢看他们在那里微闭着眼睛，神情单纯地晒着太阳，喜欢那些嗓门粗犷的农村保姆们，坐在他们对面谈天说地。这些老人年轻的时候，或许彼此都曾经熟识，在这样好的天气里，也会下楼来聊聊工作和儿女的烦恼，憧憬着儿女长大之后，安度晚年的幸福。可是而今，他们在如此适宜散步遛狗的冬日里，却因为不可扭转的衰老，而无法走动，亦无法言语，甚至，连在对面轮椅上当年把酒话青天的老相识，都不能够再认出。

与这样的风景形成鲜明对比的，是每天早晚背着书包上学放学的小孩子。我喜欢跟在他们身后，看他们昂首挺胸地在晴朗的天气里走路。有时候他们三三两两，有时候他们孤单一人，有时候他们排成长队唱着儿歌，也有时候，他们牵着父母的手。

我对于这样朝气蓬勃的一群，总是充满了感激，感激他们让我想起我曾有过的童年，寂寞的、纯真的、美好的童年。我曾在一次下班的路上，碰到小区里一个背着大大的书包，趿拉着拖鞋，低头沉默不语又倔强走路的小男孩。我在他的身后跟了许久，他都没有回头看我一眼。我与他开玩笑，在他身后嬉笑着喊："嗨，小孩，你叫什么名字，几岁啦？"我以为他至少会停下来，白我一眼，可是没有，他依然悄无声息地走着，像一个成熟的思考者。

这是一个少言寡语的小胖孩，或许刚刚在幼儿园里遭受了老师的训斥，或许他的家里有不幸福的音符。总之，在这个冬日寒冷的黄昏，他没有父母接送，没有爷爷奶奶迎接，他的落寞犹如傍晚最后的一缕阳光，或者风中飘摇的一片树叶，人只紧着衣领急行，根本无暇关注到他的失落。在那一刻，他是一个被世界遗忘的小人儿。而我，只不过是恰好窥见了一个小孩子脆弱无助的内心。

我还记得小区旁边的自助店里，见过一个打扮光鲜的女子，她面无表情地夹了一些菜后，让忙碌的服务生，帮忙给她端一杯果汁到餐桌上去。服务生繁忙之中，抬头冲她抱歉地一笑，说："这是自助餐，请您稍后自己来取好吗？我们将会有更新鲜的果汁对顾客提供。"

换作别人，定会谅解此刻忙得分不开身的服务生，况且，自助店里，当然以自理为主。可是这个女子，却突然将手中的东西狠狠摔在地上，而后厉声喊叫：不吃了，退钱！那一刻，所有人的目光都集中在她的身上。她怒气冲冲地转身去收银台，顺便又带倒了几张无辜的椅子。

没有人知道这个女子的怨气，究竟从何而来。我们看到的，只是一个言行失控的女子，一个浓妆艳抹却掩不住愤怒与焦躁的职场白领，一个因服务生的一点不如意，便意欲投诉的上帝，一个在享受美食的时候，依然一脸晦暗的中年女子，或者是一幅色彩混乱、人物突兀的风景画。

而我们每一个人，也都曾这样被人当作风景，远远欣赏或者审视着吧。当我们看到一个人失魂落魄的背影，当我们窥见一个人苍老容颜后的悲喜，当我们看到一群人狂欢背后的孤单，当我们在拐角处，偶遇一个人隐匿的哭泣，或许那一刻，也正有人这样经过我们，并窥见我们不肯示人的忧伤、疼痛，或者故意炫耀的欣喜、荣光。

尘世之中，不长不短的这一程路，你究竟想要成为怎样的风景？

世界在谁的掌心里

刚入大学的时候，在人群里常常觉得孤单。世界好像突然变大了，自己再也不是那个万人瞩目的中心。引以为傲的成绩，也变得可以忽略不计。昔日被老师们鄙薄的那些能歌善舞人士，似乎一夜之间就升了值，走在路上都是一派富贵腾飞之势。一群鹤们站在一起，自己这样自以为是的一只，瞬间黯然下去。而且，连并肩行走相互慰藉的另一只，也寻不到。世界就这样轻易地转移到了别人的掌心里，自己则唯有焦灼不安失魂落魄。

学生阿雅就在面临与十年前的我，同样失去了重心的孤独感。她来自一个遥远边疆的小镇，普通话有些蹩脚，常常一开口，就引来外人的笑声。她费了很大力气，差一点就将石头含在嘴里“冬练三九，夏练三伏”了，才终于有了一点起色，混在一堆人里，听起来不至于那么突兀刺耳。她很奇怪以前自己是想拼命尖着嗓子冲出那“鸡群”，成为一只地位显赫的仙鹤，而今却是因为这缺陷，想要缩到一个安全的壳里，最好是谁也看不到她。

不过中学时那股子拼劲，还是让她想要在这片新天地里，能披荆斩棘，重新立地为王。班里的同学很快分离成两拨，犹如分明的泾水渭水，永远都不会相交。有不满高考结果的，到了大学，也是身在曹营心在汉，为了那个当初的奋斗目标，继续埋头苦读，只求四年后，通过考研一举成名天下知。他们常常以一副老成持重的表情，告诫阿雅，如果不走出去，待在这样一所不上不下的省城大学里，人生早晚也会变得跟路边的广告牌一样黯淡无光。

而那些对更高的学历毫无兴趣的，则为了工作，热衷于讨好老师，或者为了学生会的一个官职上下打点，一副争得头破血流也在所不惜的模样。他们给予阿雅的教导，则是世俗现实的，甚至听起来有些残酷。他们建议阿雅要在老师面前，学会奉承，懂得阿谀；而在学生会里，不管是学院还是学校，都要有等级观念，聚餐的时候敬酒。学生会会长的地位，丝毫不次于任何一个老师或者领导，如果怠慢，轻则影响个人在学校的仕途，重则让你在四年后迈出校园的时候，因表现不佳而寻不到好的职业，被远远地落在同学的后面。

阿雅夹在这样两股奋进的人群中，左右为难，不知将来是要考研，让人生上一个档次，还是为了工作，一路世俗下去。这样的问题没有解决，又有新的接踵而至。

来自西部的阿雅，同宿舍里东部区的舍友们，常常因为思维习惯的不同而产生冲突。一次一个舍友在宿舍里大声宣布，明天中午请大家去吃麦当劳，大家都嘻嘻哈哈附和说“好啊好啊”，然后便各自忙碌，似乎，那不过是一件很平常的事。但阿雅却记到了心里，且为了这次吃饭，特意在第二天穿了最漂亮的裙子，还化了淡妆，然后一上午哪儿也没有去，耐心在宿舍里等候舍友的召唤。不想左等右等，一直到了一点钟，也不见舍友的影子。就在阿雅想要不要电话催促一下舍友时，宿舍门打开来，舍友与其他人鱼贯而入，看他们手里提的打包的饭菜，就知他们没有去什么麦当劳，而是在食堂里饱餐了一顿。阿雅生了气，但又不好发作，私下里打听后才知，舍友不过是开开玩笑而已，知道这种随口说请吃饭习惯的同学，都哈哈一笑便忘掉了，只有阿雅认了真，等到饥肠辘辘，还没有任何音讯，并因这样有伤颜面的“欺骗”，而一个人大哭了一场。

阿雅在读完大一的那年，成功进入了学生会，成了宣传部的干事。尽管，只是在自己的学院里。很多时候，也没有多少同学将自己的这一官职当成一回事。甚至还当面开她玩笑，说，干事干事，就是一干杂事的而已。她偶尔迷茫，在老师们开会只记得部长们的名字的时候，或者，是曾经的朋友因为官职比自己高了一级，便以命令的语气让她去做事的时候。她的成绩也是中等，似乎没有实力也没有精力，与那些一心想要走出去的同学比拼。两条路缠绕混杂在一起，阿雅突然间觉得自己没有了方向。

阿雅问我，为何自己有成了世界边缘的感觉呢？那个高中时被人宠爱光芒四射的女孩，跑到哪里去了呢？是不是人越向社会上走，就离中心的世界越远了呢？

我不知道该如何回答阿雅的问题，刚刚毕业成为人师的我，也只能以自己仅有的经验，告诉她，其实我们一直都在社会的边缘，我们所做的一切努力，不过是为了离世界中心的那点温暖，近一些，再近一些。昔日来自家庭的呵护，并不是让自己成为焦点，而是用亲情编织成的一张遮风避雨的网，隔离开世界，是我们的不知世事，误以为那里是阳光最盛烈水草也最茂密的中心。

阿雅对于我的解释，依然是不甚理解。她大约不知道作为老师的我，正遭遇着同样的困惑。我在讲台上是他们学生的中心，可是在职场上，我却与她一样，是一个小心翼翼却又总是手足无措的新人。世界是圆的，可我不过是那只在最外面的圈上，费力向中心攀爬的小小的蚂蚁，或者蜗牛。或许我刚刚给他们眉飞色舞地讲完一部话剧，出了门，就被领导叫到办公室，以我搞第二职业没有好好工作为由，派给我一门新的课程。

世界是在我们的掌心呢，还是在我们的脚底，再或位于我们风尘仆仆奔赴的前方，我想除了一点点地历经，让时间代我们答复，初入大学的阿雅与初入职场的我一样，都没有办法，找寻到一个确切的答复。

谁比谁更有华美的青春

陶是小我四岁的弟弟，同是 80 后，他却与我走着截然不同的道路，又有着如此迥异的个性与态度。外人常说，陶的青春犹如一个劣质的瓷器，是被烧铸坏了的，不只模样丑陋，敲击一下，声音亦是沉闷散淡。而我，在世俗的评价标准里，当是那精致华美的苏州细瓷，摆在桌上会蓬荜生辉；轻轻触碰，则有珠玉相撞的美妙清灵之音。

这样的比较，从年少时就已经开始。记得那时我在学校，从来都是无需老师的督管，便会“干净利索麻利”地完成各项任务，而且每次总能得到外人的赞许。而陶，哪怕交一篇作文，也是拖泥带水。有时，他还会与老师讨价还价，问作业能否少写一点，卫生能否少干一些？若是能够找到偷懒的方法，他绝对不会循规蹈矩按部就班地去做。父母批他狡猾，他便将头一昂，说：“为什么一定要走光明大道呢，难道羊肠小道就不能到达终点吗？况且，谁说成绩好的，就一定是优秀的学生？”这样的狡辩，听得多了，大人也开始对陶感到失望，预料如此不上进的孩子是成不了器的。

陶的初恋，亦开始得早。还是 15 岁的少年，便歪歪扭扭地写信给女孩子。我那时正读高三，爱恋于我是被坚决打入“高考禁忌”行列的。其实，为了学习，我一直都在压抑着内心的诸种冲动。也有喜欢的男生，但却强迫自己只准向前走，不能环顾左右。那些清香的花朵，婉转的歌声，飞扬的彩旗，不过是成长的树上一些恼人的枝杈，既不优雅，也无用处。所以，除了神情淡漠地砍掉，我再也想不出还有其他处置的办法。而陶，则悠闲自在地边走边看。他爱过不同的女孩，每一次的甜蜜与忧伤，他都如实地记下。当我的日记里除去赶超冠军，便了无其他的时候，陶却记满了绚丽多姿的柔情过往：他的第一封情书，他无助的等待，他苦涩的泪水，他漫长的雨季。在他不长的读书生涯里，他还记录了那些与他只说过几句话的同学，赛场上偷偷违规的选手的得意一笑，父母没来由的为一点小事便吵闹不休。在他的眼里，世界始终是粒丰硕饱满的种子，雨水一来，自会安静生长，至于何时才是雨期，生活，自有它的安排吧。

我读大二的那年，档案里劣迹斑斑的小弟终于退学。父母对他的旷课逃学已经习惯，所以看他背着书包回家，不过是感伤一阵，便随他去了。他在过了半年的游逛闲玩的自由生活后，心生厌倦，开始主动找事去做。起初，他在小城里推车兜售盗版的光碟，时常被城管逮，小小的年纪，便学会与社会上形形色色的人打交道，知道何时会有好的生意可做，何时可能经营惨淡。他对电影的行情渐渐了如指掌，卖碟的同时，还负责给人介绍与影片相关的花边新闻。这些从网上查到的逸闻趣事，是很好的促销方式，买碟的人都说，陶实在该去做一个娱乐记者。陶对这样第一次得来的称赞，津津乐道，尽管父母皆一脸淡然，认为他这样不务正业，几乎是给他们丢尽了颜面。

后来，城管将陶的碟片全部没收，陶在父母的责骂声里闭门思过了几天，便重新笑嘻嘻地走出来。只是这次，他不再做生意，改给小城生意寂寥的文工团跑龙套。他喜欢跟着一大群人，坐在拥挤的卡车里，热热闹闹地边唱边笑。别人演戏，他在台下咿咿呀呀地跟着学，唱到动情处，还会连自己的本职工作都给忘记，挨上团长的一通恶批。这样的批评，于他是家常便饭，但他还是乐此不疲，且因此很快地将剧团的所有精彩剧目都了然于胸。团长偶尔一次看他在台上形神兼备地比划，竟是吃惊，说：“你小子何时偷学了我们所有的看家本领？”陶便故作谦虚说：“不过是玩票而已。”但团长还是记住了他这值得称道的玩票，在演员有突发情况时，首先想到的，就是让陶去做替补。陶的替补，仅做过两次，但看的人皆说，这孩子面相青涩，但唱腔倒是不一般呢。

陶做事一向喜欢点到为止，这次亦是，在团长正在考虑提拔他做正式替补队员时，他毅然辞职去当了兵。而且这一去，是遥远到小城的人无法想象的西藏。那时我已经读研，在外人的眼里，算是可以拿来作为教育孩子的楷模。相比我的一路风平浪静、繁花似锦，陶的盲目行走，则被大人时不时地就唏嘘嘲笑一番。某家有小孩不听话了，大人便说，再哭闹就将你像陶一样，发配到荒凉山区去！我将这些话难过地讲给陶，他则纵情地哈哈大笑。我那时已经开始能够了解陶，知道他是真的不在乎。他在生活单调的部队里，给战友们唱各式的京剧选段，讲那些他卖过的电影碟片。高原上的冰雪，涤荡着陶已被生活打磨得坚硬圆润的心，亦将他的乐观与豁达，铸炼得愈加坚实，且可以信赖。

一年后，陶荣升为班长。这是他第一次做世俗人标准里的“干部”，父母皆是诧异，不知他这样一个无药可救的人，究竟施了怎样的法术，才得此殊荣。但我却知道，这一切，其实来得如此自然。只不过在它到来之前，一直隐在那些羊肠小道的鲜花和灌木丛里。世人只看到那芜杂的一片，却忘了它们的尽头，与我那开阔大道上一样，是四溢的芬芳和无边的风景。

而陶对这一切，之所以从容，只是因为，当我抛弃一切在大道上狂奔时，他早已在那曲折的小路上品尽了鸟语花香。而他“劣质”的青春，就这样华美地走过。

在爱里慢慢成长

那一年她 15 岁吧，读初三，小小的心里有极强的自尊，妖娆的青春一样，来得猝不及防。

她是个温顺又寡言的女孩子。每天除了学习，几乎不会像其他女孩子一样，爱跟新来的年轻班主任聊天、开玩笑，甚至请他去吃门口小店里的冰激凌。她看到他被花儿一样缤纷的女孩子簇拥着的时候，心里除了细微的开心和向往，竟是没有丝毫的嫉妒。她知道父母弃了农村的家，跑到这个城市里来，边做没有什么保障的零工，边陪她读书，已属不易。还有姐姐，为了她的学费和父母的工作，勉强地和一个不喜欢的有权势的人订了亲，而且将婚期拖了又拖。除了最好的成绩，她知道自己再也没有什么能回报给他们。当然，她还要在放学后早早地回去，帮父母做做家务，亦让他们不必为她的晚归而过分地担心。

所以每每看见班里那一大群穿着鲜艳彩衣的女孩子，嘻嘻哈哈地从学校里蜂拥而出，去小吃街上买一袋瓜子、几根香肠、三两田螺，而后边吃边消磨掉回家前的自由时间时，她也只是默默地看上片刻，转身便朝学校的后门走去。

她很欢喜学校有这样一个安静的后门，可以让她不被人注意地慢慢走回家去。出了朱红色的门，沿着沙子铺成的小路走上几十米，再绕过一个大水塘，七折八拐地途经十几处居民楼后，便到了她的家。家，也只是暂时租来的。是那种马上要被划入拆迁之列的瓦房。刚搬进来的时候，看到张开大嘴的墙缝，和出入自由的爬虫，她和妈妈都落了眼泪。是爸爸买了水泥和墙粉，一点点地给它穿上新衣，又在院子里用红砖铺了一条整齐的小道，下雨的时候，可以不必泥泞。这样一个破败的民居，才陡然有了生气。她吃过晚饭趴在书桌上学习的时候，看到对面干净的墙壁上，被橘黄色的灯光打上去的父母略弯的身影，便会觉得温暖和感激。

可是这种温暖，她是不愿意拿出来与人分享的。只有无人打扰，它们才会在安静的角落里，慢慢地成长，且带给她淡紫色的温馨和优雅。

可是，这样的恬淡和自由，于她是多么不易。常常有钦佩她成绩好的同学，为了更方便地向她学习，执意让她带着去认认家门；还有一些默默暗恋她的男孩，甚至会趁她不注意，放了学偷偷跟在她的后面，想通过这种方式得到她的地址。每学期的家长会，亦是不容易逃掉的劫难。因为高高在上的成绩，老师常常会让她把父母请来，给其他家长做如何教育子女的报告。这个时候，她总是会撒谎。尽管她知道，其实父母多么希望能有这样一个机会，因为她而在人前骄傲地直起被生活重担压弯的脊背。

然而这一次，她却觉得再也没办法逃掉。除非，除非她转学，或是读几乎没有什么升学希望的慢班。她借读的这个学校，是可以直升本校的高中部的。中考的时候，会根据成绩分出快班和慢班。快班的学生，几乎无一例外地会在三年后考上全国一流的大学。所以能进快班，几乎是每一个学生的梦想。可是每年的学费，亦比慢班要贵出许多。

所以当领到申请报快慢班的表格时，她犹豫了许久，终于还是在慢班一栏里，轻轻画了一个对号。

那天放学后，年轻的班主任便把她叫到了办公室。班主任是个极温和的人，有着友善又亲切的微笑。他像兄长一样拍拍她的肩，示意她坐下，又冲了一杯热茶递到她的因为慌乱而无处搁置的手中，这才开口问她："这么好的成绩，为什么不报快班？是父母的意愿吗？用不用我去家访？"她低着头，看着杯口氤氲的热气，和一朵朵徐徐绽放开的茉莉花，许久才慌忙地摇头。杯子里的热茶，一下子洒出来烫红了她的手。她积蓄了许久的泪，终于趁此，哗哗地流了满脸。

班主任连声地向她说对不起。看天晚了，又执意要送她回家。她不知道怎样拒绝，只无声地走了几步，便使尽平生的力气道了声“再见”，返身向学校的后门跑去。

那一晚，她躺在床上翻来覆去地想了许久，终于还是在第二天吃早饭的时候，把要报快慢班的事，和着母亲做的蛋炒饭，一起咽到了肚子里。

几天后，班主任又将她叫到了办公室，给她看一份盖了学校红红印章的通知。上面说中考前三名的学生，学校会给予免掉所有学杂费的奖励。而后班主任呵呵笑着说：“快班也是免，慢班也是免，你有这个把握为何不报快班，这样就不会吃亏了噢！”她第一次抬起微红的脸，笑望着自己的老师，重重地点了点头。

三个月拼命般的努力，终于换来了第一名的成绩。全校表彰大会上，要请她的父母代表家长讲话。这次她是飞快地跑回家将这个消息告诉父母的，又坚持着要用自己节省掉的学费给全家都做套新衣服。父亲听了没有像往常那样，因为这不必要的开支而犹豫不决，很爽快地就带全家去裁了新衣。开会的时候，她与班主任并肩坐在主席台上，看着话筒旁一身西装的父亲，由于激动而酡红的面颊，像是喝了几两好酒，幸福藏也藏不住。身旁的班主任，亦是一脸兜不住的骄傲和开怀。那一刻，她的心里再也没有昔日因为自己的贫寒，而蓄积起的自卑和自怜。她真想告诉每一个人，自己的努力，竟是可以给这么多人带来切实的快乐和欣慰。

她是在三年之后考上她理想中的大学的时候，才知道那个盖了红色印章的通知，是班主任一个善意的欺骗。三年的学费，亦是他一次次地替她交上的。可是那时候的她，并没有因此而有过分的惆怅和自卑。因为她早已能够正视自己的贫穷，并且真正地意识到，有许多的爱助她慢慢走过这段自尊与自卑无限滋长的岁月，其实是一种多么值得她用一生去感恩的美好和幸福。

让心灵忘记过往的光华

我认识的一个人，在出版行业有过一段叱咤风云的时光，彼时大家皆仰慕于他，将他当作心目中的英雄，及此生要抵达的高峰。与他见面，看过去的视线皆是真诚仰视的。而他，在此种灼热的注视之下，心内也是得意无比。他的人生被这样的光环笼罩着，似乎永远都没有黯淡沉寂下去的那一天。

他当然习惯了外人的吹捧，每每聚会，都是气定神闲，等人主动前来相识并索要名片。大家吵吵嚷嚷，争着与知名人士合影留念，唯独他坐在那里，一脸散漫，不去理会闪光灯兴奋骚动的聚焦，非要等到人来请了，才自信走向那个别人早已空出的焦点的位置。他身边的熟人，皆习惯了他的这份高傲，并因为他光芒闪烁的成就，而将之认为理所当然。

几年之后，他所在的出版公司渐渐萧条，少有媒体再绕其左右，只为报道他最近所出畅销书的动向。他被这破败的摊子拖着，无法像往昔那样从容不迫，人显疲惫，面容也有些老态。他身边那些不如他的人，此时皆风生水起，一个个比他活得春风得意。聚会的时候，大家在心理上，便能够和他平起平坐，甚至还有了俯视的一点坡度。拍照的时候排位置，为了照顾他的面子，照例还是将他放在最中间的位置，可是打招呼的时候，言语间就带了“爱拍不拍、请君自便”的含义。他坐在那里，看着一行人嘻嘻哈哈，寻那最合适的位置，脸上便渐渐有些挂不住。

他就是从此时，开始在人前等人讨好般地介绍，转为主动出击，用那昔日的荣光来填补喧嚣人群里的失落与寂寞。曾经记得一次见面，有个教育界名气渐涨的大学老师，熟人挨个介绍的时候，说他的演讲曾在北大等知名高校引起热烈反响，他听了即刻转向熟人，笑着意味深长地加一句："哦，我记得我去北大做演讲的那年，有个学生一直坐车追到我家里，只为讨要一个我的签名。"大家皆相视一笑，熟人也忙圆场："可不是，想当年咱们黄总在北大，也是轰动一时呢。"他听了又刻意补充："现在我去，那里的老师见了我，照例热情地要拉我吃饭，可惜这两年我懒得应酬，不喜场合，否则是天天都有吃不完的饭的。"

他话说到这里，周围人的笑容便有些僵，比他混得好的，一脸看透俗世的同情，想着他江河日下，且不与他争执计较；与他混得相当的，嘴角明显有些不服气；而比他混得差的，则看着一桌人形形色色的表情，不慌不忙地呷一口茶，有等着看好戏开场的闲散与喜气。

这样的尴尬，在日后与他大大小小的聚会上，常会上演。东道主都知道他忘不掉昔日的辉煌，在介绍的时候，便主动给他颜面，将之褪色的光华尽力再涂抹上鲜亮的颜色，并力避让外人觉得不适。他并不领这样的情面，觉得是主持者应尽的义务。有时漏掉了他的某项功绩，他必会不失时机地自己加上。

但他自己不知疲倦，念念不忘过往成就，外人却在时光里将他渐渐落下，直至最后，因为他的退休回家，完全地将他忘记。

我最近一次见他，是在一个书店，正翻看一本某个北大教授新书的时候。他已经老了，见我手中拿的书，便絮絮叨叨地讲起这个教授的历史，说此人当时为了出一本书，曾三番两次在出版社门口拦住求他。是他不忍，才尽心策划，将他第一本书送上市场，并让这个当时还是讲师的教授开始崭露头角。

我礼貌地听着，但却希望他早一点结束这样我已经腻烦的炫耀。终于有书店的老板过来，对着有些耳背的他大声地说："黄老，你要的书到了，去那边看吧。"老板将他支开的时候，回头小声说："别理这个人，他活在过去，走不出来了，除了他自己记着那点光华，时不时地提起，谁还会知道他是谁呢？"

看他苍老的背影，突然间明白，人走一生，最高也是最难的境界，原是将自己忘记，让别人记得。

可是这样开阔通达的心境，俗世中与功利缠绕相生的你我，究竟借怎样可以乘风破浪的舟楫，才能安然抵达？

你有什么理由逃

亲爱的小茉，不知坐在返程火车上的你，是否已经将几日前那场不愉快的夏令营忘记，也不知你会不会因此，在火车上拒绝所有陌生人善意或者好奇的搭讪。甚至，连昔日你喜欢欣赏的窗外的风景，此刻也如某个惹人烦厌的孩子，在火车“哐当哐当”的单调声音里，一路在后面追赶着，直到将你的眼睛弄到倦怠不堪。

你落寞上车的那一刻，我看着你寂寞的背影，知道此次来京，在你 18 岁的人生中烙下的，并不是一抹美好明亮的回忆。或许，在此后很长的一段时间，你都无法走出这段记忆的阴影，它们的枝杈蔓延下来，遮住的不仅是你饱满的额头，还有那双纯净的双眸。可是，亲爱的小茉，在你转身的那一刻，其实，我多么想将你拉住，让你看一看北京站的门口，那些蜂拥而入的人，或者索性将我手中的画板交给你，让你为身边每一个经过的陌生人画一幅形象的素描，而这些抓住瞬间表情的素描，会一点点地浮现出这个世界最真实的模样。

因为优秀的成绩，你很幸运地从几千人中脱颖而出，来到北京，与四十几个同样出色的学生一起，共同度过为期一周的夏令营。在来北京的火车上，从没有出过小镇的你，兴奋地发短信给我，说想到能与全国各地的同龄人交流，而且成为朋友，你几乎一夜失眠了呢。在你的想象中，这次出行是雨后天边的一抹虹彩，或者树上一片水洗过的叶子，绚丽，新鲜，溢彩流光。你期盼着与每一个人都能成为朋友，却没有想过，该如何与不同个性的人交流。你希望他们如熟识的亲朋好友那样，时刻给予你关爱和谦让。你也曾有过忐忑，经历过不安，但这些很快便被出行的快乐一一冲淡。下车的时候，你如一只喜悦的鸟儿，歌唱着朝我飞奔而来，那样的自信、从容与朝气，为何在我送你离京的时候，消失殆尽，取而代之的，是你眼中无尽的失落与迷茫？

知道你在这次夏令营中，经历了前所未有的冲击。四十几个人，就像一个新的班级，或者一个植满花草树木的园子，其中有茉莉、百合、蔷薇，也有冷杉、法桐、侧柏，亦有缠来绕去的藤蔓，枝枝杈杈，免不了就彼此牵绊，互相阻碍，你夺了我的阳光，我遮了你的雨露，或许用不了秋霜打来，只是一场风雨便能让这生气勃勃的园，只剩了枯枝败叶。

而你，在这样的园中，不过是一天，便想要逃走。你一次次地向我抱怨，为什么每一次出行，总有人要冒出来，做那个张扬高傲的鹰，且用巨大的翼翅，将其他人的声音霸道地压下去？为什么每一次发言，总有一些人与你较真、动怒、争吵，并将一场问题的论战，切换到对人的指责与苛求？为什么一些小小的误会，反而解释到最后，成了一幅愈描愈黑、无迹可寻的画？为什么那些你满心欢喜地想要早日见到的“名家”，并不像你想象的那样热情且亲切，常常转过身去，就神情迥然？你说，这不是你期待中的夏令营，你需要宽容、忍让和温暖，而那些花草树木，所呈现出的却处处是冷淡、阴郁和吵嚷。七天，在你的心里沉淀下来，不过是一次没有排练好便匆忙上场的表演，拙劣的妆容，晦暗的衣饰，磕绊的歌唱，点点滴滴，一旦刻下，便再也难以从记忆之中抹除。

亲爱的小茉，临走的那天，你说再也不想参加这样的夏令营，交不到一个朋友，反而看到许多不想看到的人。一直以为，这个世界就是小城那样大，其中的人亦是如此可爱、善良且纯净，不会与你喋喋不休地争吵，也不会当面给你难堪；即便是有了争吵，不过是片刻，就会主动地过来给你道歉。从来没有人会跟你斤斤计较，或者将你当成一个无关紧要的陌生人，只一两句漫不经心的闲言碎语，便将你一番热切诚恳的言辞打发掉。你在这个群体里，因为不擅言谈，很多次被人抢白，遭人奚落。四面八方涌来的同龄人，带来的不是你想象中的馥郁的花香，而是时不时就将你绊倒在地的荆棘。

可是，亲爱的小茉，每一片森林，都会有擎天的大树和低矮的灌木，有温顺的小虫，亦不乏凶恶的野兽，而我们身边的人一个个组合起来，便是一片莽原，你站在自己的位置上，即便是悄无声息地静立，也会有鸟的骚扰，兽的莽撞，或者虫的啃啮。你长在其中，除非拔根逃掉，否则就应该学会忍受这种种的击打，而且明白，不论你移植到何处，都会有飞禽走兽、暴雨狂风。

所以，亲爱的小茉，为什么 18 岁的你，刚刚在社会的门槛上微微探一下头，便立刻缩回到安全无忧的壳里？难道，你宁肯做一只缩在壳中的蜗牛，也不想经受风雨的吹打、流言的锤炼？你种种的失望、抱怨，不过是因为你不想看到这个真实的世界，不想看到形形色色带了缺陷又言语尖锐的人，不想经历从小城到北京的巨大的差异。

可是，逃得掉的，是落魄的勇气；逃不掉的，则是漫长的人生。而你，不过是刚刚长出翼翅，又有什么理由，因为看到一张张面具后真实的容颜，而拒绝掉整个葱郁的森林？

第四辑

尘世里最美的相守

我们居住的孤独的尘世，
恰是有了那些相依相偎的温暖，
或者不离不弃的相守，
才使得疲惫的奔波中，
一颗漂浮的心，始终珍存着美好，
眷恋着家园，并为此飞蛾扑火，
永不言悔，从不懈怠。

尘世里最美的相守

楼下的小饭馆里，常会看到一对相扶相依来吃早餐的父女。父亲满头白发，走路蹒跚，大约七十岁的样子。做女儿的三十多岁，却是神情羞怯，眼神卑微，基本上，略略智障的她，除了父亲，是不会与任何人对视相聊的。

他们每次来，都坐在最靠角落的位置。老板显然已经与他们相熟，假若他们未到，有人要坐那里，他即刻会阻拦住，为客人另寻座位。即便他们不来，那位置也会空着。有人便提意见说："他们要没有买下来，何故不许别人来坐。况且他们来了，现起身相让，也不为迟。"老板对这样的争执，并不做解释，只说："让他们坐在那里，不被人扰地安静吃一顿早餐，也算你我行一件善事，所以大家还是体谅一下吧，实在心里憋屈，就当成老板我包了不成？"

这个位置，自此便少有人再争。这对父女，当然不知道背后的摩擦，每天清晨，做女儿的像个小女孩一样，打扮一新，要么躲在父亲身后，要么低头挽着他瘦弱的胳膊，从家里行至饭馆。一路上，总有人朝做父亲的打招呼问道："身体还好吧？"父亲总是微微笑着，点头简洁地道声好，便少有言语。这样日常的问好，对于做女儿的，却似乎是种煎熬。每每有人看过来，她便将头埋得更低，就像一朵敏感柔弱的含羞草。

所幸从家至饭馆的距离，并不算远，大家都忙着上班，晨练，排队买早点，无暇他顾。这倒让做女儿的，可以一路欣悦地赏赏风景。偶尔，还会细声细气地问父亲一些天真的问题。这样安静的一程行走，对于他们是种幸福。父亲满足于女儿一脸稚气的提问，似乎她单纯的信赖和倚靠，让这个老到无用的男人，又成为年轻时那个顶天立地的大丈夫。而女儿，则始终像靠着一座坚毅挺拔的大山，她的智力，或许尚不能明白生老病死，乃是人生的一种自然，亦不能想象，假若有一天，父亲离开了她，又该如何生活。她只是安然享受着每日有父亲相陪的散步，享受在拥挤的饭馆里，父亲为她掩住人群的视线，又将韭菜花细细撒在她的碗中。

我曾经仔细观察过他们吃饭时的神态。父亲慈祥和蔼，牙齿不好的他，嚼蒸饺的时候总是很慢，就像电影里抒情的慢镜头，时光在那一刻，有感伤的静寂。他显然已经老了，老到拿汤匙的手，都显出迟钝，但他并不会忘记帮对面的女儿搅搅热烫的豆浆，或者给她的小碟里倒一些辣酱。他还随手带着她爱吃的腐乳，看她像个几岁的孩子那样，用一根筷子蘸一蘸，而后放到口中用力地吮吸干净。

而女儿，总有一个剩饭的习惯，每每喝到一半，便任性地将碗推到父亲面前，看父亲一口口喝下去了，才心满意足地绽开笑颜。她吃饭快，吃完了便像听课的小学生似的，安安静静地坐着，等着父亲。吃不完的油饼，她还会用自己带的饭盒盛起来，放入军绿色的书包里。自始至终，她的视线都不会离开父亲，就像那里是一个安全的港湾，一旦驶入，她一生都不愿离开。

我从未见过女儿单独出来过，但饭馆老板却给我讲了一次例外。是去年的秋天，父亲下楼为女儿买饭的时候，不幸跌落下来，小腿骨折。尽管请了护工，女儿不必担忧，但那天她却例外地出了门，到饭馆里，买父亲喜欢喝的豆腐脑。老板知道她怕人，让她去角落里坐等，她却执拗地不肯去。她就那样低头站在人群中，被许多人有意无意地看着，脸上是努力要隐藏住的慌乱和惊惧。老板很快地将父亲爱吃的早餐打包，交给她，她接过来看了一眼，并没有转身离开，而是低低地恳求老板："能不能，多加一些韭菜花？"老板当即心底一软，拿了一个小袋，温柔地拨了大半的韭菜花进去。

老板说，究竟还是做女儿的，尽管智障，却记得她父亲最喜欢吃韭菜花。而那样一个恳求，几乎让老板这个粗心大意的东北汉子，差一点，就流下泪来。

听说，曾经有人，好心地要给女儿找个人家，这样当父亲的不在了，也会有人照顾。可是做女儿的，把自己锁在屋里，绝食许多天，直到父亲答应不将她嫁出，她才乖乖地再次跟父亲下楼。这个日渐老去的父亲，在老伴走后，本可以跟着去南方的儿子安享晚年，但却因为女儿始终不肯离开北京，而拒绝了儿子的孝心。他宁肯自己一步一歇地下楼买菜做饭，也不愿丢下这个完全将他当成臂膀倚靠的女儿。

这对父女的彼此相扶，对于外来居住的人，或许只是一道残缺的风景，但对于经年居住此地的人，则是一种幸福的彰显。没有人能够像他们那样，给予我们如此生动细腻的爱的启迪，每一天看到他们，出现在小区的花园里，人们的心底，便会品出真实恬淡的幸福。

而我们居住的尘世，亦因此，始终值得我们留恋，珍惜。

前方有雨，请君慢行

一次正在路上散步，天上突然就下起了瓢泼大雨，行人立刻奋力朝前飞奔，试图穿过这重重雨幕，迅速抵达可以遮挡的屋檐之下，偏偏有一十五六岁的少年，依然保持着先前慢行的速度，边欣赏着路边无声无息狂奔的人群，边吹着自编的《雨中慢行曲》。

有许多人在经过他身边的时候，都会诧异地看他一眼，以为他是个智障，不知道躲雨，还有心情闲庭散步。也有人认为他是个盲人，看不清路，不能像他们一样飞跑，所以便善意朝他大喊：用不用我帮忙？他却笑笑，不说话，继续吹他的口哨。

我好奇，在走至他身边的时候，终于忍不住问他：“下这么大雨，干吗不快跑，还这么慢慢悠悠前行？”他看我一眼，停止了口哨，不紧不慢说道：“前方也有雨，跑又有什么用，不如继续散步慢行。”

当时并不理解，第二天在本地的报纸上看到新闻，说昨天一场突袭而至的大雨，导致了两场车祸，并有多人受伤。出事的人，要么是因为奔跑时过于焦虑，一头撞到了树上，要么是被石头绊倒，磕在了坚硬的水泥地上，还有更不幸者，在拐角处与同样飞驰的汽车相撞，当场停止了呼吸。

很多人都说他们倒霉，或者抱怨雨来得不是时候，我却突然想起那个慢行的少年，想起他对我的劝诫，前方有雨，请君慢行。如我一样的成人，竟然不如这个慢行的少年有通达的智慧，可以一眼看穿快走的我们，内心对于目的地功利的渴盼与焦虑。

记起一个朋友，携妻子从小城来到北京，一心想着要在繁华的都市扎根，有一个人人艳羡的户口，买上房子，过上想要的幸福生活。他为此拼命工作，从未有过午休和周末的概念，就连我们这些朋友，想要约他聚会都难。我们送他“拼命三郎”的称号，他却从不介意，并说：“如果不拼命，不快走，怎么能够抓得住机会？要知道，机会可是从来都不会等人，它飞得快着呢！”

我们都钦羡于他，觉得这一拨人里，也只有他能出人头地，在京城混出个模样来，过上比我们所有人都幸福的小康生活。几年后他果然有了房子，有了户口，有了车子，有了票子，可是，他却唯独没有了妻子。

他的妻子因为无法忍受他如此高强度的工作，甚至在吃饭的时候，都频繁地接听电话，更不必说可以陪她逛街，记得她的生日，在她生病的时候嘘寒问暖，在医院的病房里守护着她。在一次妻子意外流产，他本应陪护着她，却因为一笔即将谈成的生意，连句话也没有，丢下妻子奔赴公司时，他们的婚姻，因他这样疲于奔命地快走，而行到了尽头。

他因此备受打击，辞了工作，去海边静养。就是在这里，他学会了慢节奏的生活，开始尝试着晨起锻炼，一日三餐按时吃，晚间沿着海滩湿润开阔的大道散步，呼吸海边氧气充沛的空气，还有海风送来的清新的海藻的味道。他甚至还养了两条红色的金鱼，并买来鱼食，细心喂养。

他就是在一次慢悠悠去买鱼食的路上，遇到了现在的妻子，一个恬淡温柔的海边女子。他说，如果那天不是自己慢行一步，他就不会与她擦肩而过，也不会碰落了她手中大簇的鲜花，更不会与她相识。假使他急匆匆前行，那么拐角处慢行的爱情，或许遇到的，就是另外一个悠闲慢走的人。

他最终选择了在海边陪伴这个鲜花店的女子，并自己开了一家特色海产店，在这个游客算不上太多，但却因为安静而内心静寂、灵魂优雅的岛城。

很多时候，机会并不是那个长跑的冠军，你永远都跟在他的后面，需要跑得更快，才能追得上它。其实它常常像那个雨中的少年，慢慢行走在人生的路口，不争抢，不飞奔，静等红灯过去，绿灯亮起，而那些闯了红灯的人，往往就在这时，永远地错过了机会。

谁惊扰了那段最美的时光

想起一段在时光里，发了霉的爱情。

是多年以前，我刚读大学的时候，一个叫凉的舍友，她有个彼此都爱得很深的男友，在家乡的小镇，因为没有考上大学，做着被人鄙夷的待业青年。但这段青梅竹马的恋情，并没有因为学历和距离的相隔，而有了隔阂，反而因此像那醇香的酒，在时间的窖里，愈加地浓郁了。

我记得那时的凉，几乎每个周末都会坐三个多小时的巴士，回去看望男友。有时她的男友也会过来，两个人像校园里那些幸福的学生情侣一样，十指相扣，耳鬓厮磨，几乎所有能够留下浪漫足迹的地方，都会有他们抵达的身影。我们这些爱情刚刚启蒙的女孩，一度对他们的这份甜蜜有微微的嫉妒。晚上卧谈会的内容，几乎都是关于他们，但凉那时只醉心于爱情的惆怅与温柔，对于我们叽叽喳喳不成熟的探讨和问询，不过是淡定一笑，而后一个转身，背对着浅蓝的帘布，柔情蜜意地回味日间的娇羞。

半年后一个周末的清晨，我正睡意蒙眬，突然听见门外有人边急促地敲门，边放声地哭泣。我匆匆下床开门，凉便一下子扑到我的怀里。我小心翼翼地哄着她，说："凉，别哭，别哭，是不是男友惹你生气了？下次他再来，我们姐妹八个，一起敲诈他一顿解解气。"凉在我的肩头哭泣了许久，才咬着下唇，艰难地吐出几个字："他，要订婚了！"

这个消息，无异于一颗炸弹，不仅在凉的心底炸开了一个巨大的缺口，任那些绝望的眼泪狂泻而出，连我们这些不相干的路人，也几乎席卷了进去。

几乎是每天，凉都疯狂地打电话给男友的父母，请求他们放过这段爱情。起初，对方父母还客气地劝说她，他们已经不是同一级楼梯上的人，她应该继续往上攀爬，而不必顾虑他们或许一辈子都不会走出小镇的儿子；后来，他们便失了耐心，听见是她，就不耐烦地挂断。

就在凉几乎承受不住的时候，她的男友，在定亲的前一天偷跑出小镇，来学校找她。犹如一个落入深渊的人突然抓住了一根救命的藤蔓，即便是手被万剑穿过，也不会再松开一秒。

凉的最终决定，吓住了我们所有人。为了能够和男友在一级楼梯上，凉决定退学，不再读书。她的男友，也曾有过一丝的犹豫，是否要让凉做出如此大的牺牲，而凉，则只轻轻说了一句话："你能为了我，放弃整个家族的颜面，我也能够为了你，放弃那些与爱情相比，其实不过是过眼烟云的荣耀。"

凉就这样，毅然地办理了退学手续，连跟我们告别都来不及，就与男友奔赴了西安"蜜月旅行"。尽管对凉的决定震惊，但我们还是有微微的向往和嫉妒，就像看好莱坞的老电影《邦尼与克莱德》，知道他们的每一步，于我们都是禁忌，但在黑暗里仰头呆呆看着银幕，还是对那样惊心动魄的一对爱人，充满了浓浓的迷恋与深情。

之后我们便极少得到凉的消息。这个富有传奇色彩的爱情故事，到这里应该是最好的结束。偶尔想起凉，想起她纯真又火热的眸子，想起秋天的夜晚，虫鸣渐渐凉下去，我们坐在高高的天台上，聊起愿意为之一生奔跑不息的爱情，那样的岁月，我相信凉也一直会记得，就像曾与她共享过爱情秘密的另外七个女孩，一直将她的这段爱当成纯真爱情的样板，深藏在心灵深处，并劝慰自己偶尔在物欲中迷失的魂灵。

后来有一天，我在网上无意中碰到了凉。问及她的近况，她说两家人皆已经同意，他们终于如愿以偿地结了婚。我紧跟着追问一句："那么，结婚之后呢，有没有什么打算？"那边的凉沉默了许久，才说："暂时做一些小的生意吧，没有大学的一纸证书，我们终究还是走得艰难。就像当初没有那一纸结婚证书，我们在外面四处游逛，心并不是安的。”

我不知道该如何与凉继续聊下去，是给她安慰，还是同情？人生是他们的，我们这些外人再如何参与，终归还是如一滴油浮在其上，永远无法浸入那不可测的水底。

但我还是怀着一种探知秘密内核的好奇，点开了凉的qq空间，而后，我便看到了那篇只有一句话的日志：究竟是谁，惊扰了我大学最美的那段时光？

而我，终于从这句话里明白，爱情在人生里，疾驰得愈是激烈，停下的时候，惯性，就愈会将我们的记忆，长长地拉回到，那已经不再可能的美好时光。

可是，我们常常，明白得那样晚。

爱情只是两颗心的事

朋友禾曾是我们读书时，公认的最幸福的公主。母亲是大学教授，父亲是一家公司的老总，当年我们还在读研的时候，她的父亲就出 50 万在北京给她买了一个小房子。禾是好客的女子，周末时常将我们这一帮朋友召到她的住所去，开一个热闹的 party。那时的禾是舞会上最张扬美丽的女王，而我们则是她前呼后拥的臣子。没有人能够夺去禾闪耀的光华，也没有人会做，我们心甘情愿地听从她的召唤。因为，在她的美丽与高贵面前，我们的嫉妒与羡慕是那样地力不从心。

禾的爱情，也因此成为我们最为关注的话题。大部分的猜测，是禾要么会像班里另一个家境富有的女子，由父母代为安排一个门当户对的男友，此后过衣食无忧但也波澜不惊的优越生活；要么她自己会主动地在周围的有钱人里，为父母寻一个优秀女婿；再差，这个男友也一定是能力上佳，且在未来有无限发展潜力才可。或许也是因了禾的条件太过优越，当我们这群小女子纷纷寻到爱情归宿的时候，她还在路上一个人孤单地走着。

那时与我们常常混在一起玩的，有一个外系的男生，因为与禾一起编校报认识。大多数时候，我们都会将这个貌不出众也语不惊人的安静男生给淡忘掉。衣着素朴的他，在我们这堆物质男女里面，很少插言，总是微微笑着听我们胡吹神侃。只有禾过来分发饮料或者水果，到他那里，常常就不够了，总是需要给他拿另一种饮料，我们的视线才会落在这小子的身上，想他真是特立独行，连饮料都与我们不同。但也只是这样想想，并不会将他与禾的偏心联系到一起。偶尔禾在舞会上主动地朝他走过去，让他陪着跳一支独舞，我们也只是用调侃嘲弄的掌声，将他哄上台去。至于禾与他翩翩起舞的时候，视线与表情里传达的内容，我们则因为男生的卑微，而一起给忽略掉了。

研究生毕业的那一年，当我们还在为工作而四处奔波的时候，禾因为出色的能力，提前被一家文化公司聘用。而她的父亲，也同时在北京，将她的小房子换成一个一百多平的“别墅”。我们所梦想的一切，禾皆轻而易举地都得到了。当然，除了爱情。毕业的散伙饭上，禾则将她已经订婚的消息发布出来。一群人皆嚷嚷着，太不够意思了，为什么今天没有将这个天下第一大帅哥带过来，给我们看看！禾的脸上即刻掠过一丝羞涩的微笑，而后深情地看着旁边的男生，说：“他就是啊。”那一刻，举座哗然。有大胆的男生冲禾说：“开什么玩笑，虽然人家是你的崇拜者，也不能一步晋升为夫婿啊。”而女生们则齐刷刷地将视线转向这个温柔地环住禾的男生，看他眼底的幸福，在我们的嫉妒和惊讶里，像那桌上的酒，满满地快要溢出来了。

禾的爱情，几乎成了当年毕业时最大的新闻，以至将本应该有的感伤，也给冲淡了。我们在分别的那一年，因为这个新闻，而彼此在网上亲近了许多，大家有空在 qq 上相遇的时候，总不忘了问一下禾爱情的进展，但得到的，总是与我们的期望相反的消息。有人看到禾与这个成功晋级为老公的男生，在超市里兴致勃勃地购物；有人看到他们去了国家大剧院看演出，还有人在周末的时候，看到他们在公园里玩幼稚的过山车，据说禾在男生的怀里，像个孩子般兴奋地尖叫。

那么多的八卦聚集起来，呈现出来的真实底色，便是禾的爱情，其实与我们这些俗世女子的没什么两样。但大家依然不肯罢休，总是心心念念着要剥开那华丽的外壳，看到真实的内里。终于在三年后，我与极少上线的禾在网上相遇。没有寒暄，我便直奔主题，问她：“你，究竟过得幸不幸福？”禾笑着说：“当然，他那么爱我，我也那么爱他，为什么爱情非要败给世俗的门当户对，败给所谓的物质守恒定律？我爱他，所以我愿意为他付出一切；他爱我，所以他也愿意忽略掉物质附加给我的光芒。爱情的天平上，若是加上俗世的物质与地位，当然不会守恒；但关键是，你想要的，究竟是那份纯净的爱情，还是忠实地遵循外人眼中的物质守恒定律，在爱情不够的时候，将外物附加其上？”

原来很多的时候，脆弱的不是我们的爱情，而是我们在世俗生活里，被种种的欲望冲击得失去方向和安全感的心。所以我们才会在杨振宁的忘年之爱里，觉得不可思议，甚至妄加菲薄；才会对那些穿上水晶鞋的灰姑娘的爱情，流言种种；才会在一份看似不守恒的爱情，来到我们身边的时候，惶恐，犹豫，不确定，最终让爱情在猜疑中，擦肩而过。

而我们只记得种种的差异、高低、尊卑、贵贱，却独独忘记了，在尘世的天平上，爱情，从来都只是两颗心的事。

尘世中地久天长

我曾经教过的一个学生，叫蓝，很美，理所当然地有许多男孩喜欢。但她从来很少动心，直到读高三的那一年，遇到一个极疯狂的男生，是从外校转学来复读的。在一次高考的动员大会上，他们座位靠着，彼此漫不经心地看了对方一眼，便自此认定了这段“动荡不安”的爱恋。

那时候学习已是很紧，彼此又在相距几里的两个学校里上课，但一天里他们还是会见上几次面。中午的午休，他会逃掉。两个人隔着宿舍楼的铁栅栏，十指相扣，什么也不说，只是默默地对望上片刻，而后他便道声再见，飞快骑车回分校去午睡。我那时候兼任复习班的生活老师，每次总在我要锁门的时候，他气喘吁吁地赶过来，略带羞涩地求我不要将他记入黑名单。我看他在冷风里依然一脸的汗水，便常常不忍，温柔批他几句，就放他过去。两节晚自习间，会有20分钟的休息空档，他又是骑了车飞奔过来，站在楼下，仰头等她。老师们有时拖延，她便常常只能俯在栏杆上，与他说几句话，就要在夹了习题的老师注视下，匆匆返回教室去。即便是这样，他依然每日跑来，哪怕只是看她一眼，知道她好好的，就会心安，亦可以一路吹着响亮的口哨，以百米冲刺的速度冲回学校去。如果她病了，他是课都可以不上，就买了药给她送来的。她原是骄傲的女孩，但只为他的这份细心的呵护，便足以低头，做一朵娇羞的莲花。

这真是一段纯美的爱恋，明亮芬芳，清香无比，像那小风里安静绽放的白色的花朵。甚至连反对学生早恋的我，都有微微的感动，想，或许真正的爱情，真的只存在于这样无关物质无关俗世的纯净世界里。一旦像我们一样，需要柴米油盐的烦乱，那爱情也会因此沾了油烟的呛人味道，失去它的纯白的底色。

七年之后的一个寒假，当年的学生来看望我，在嘻嘻哈哈的一群人里，再次见到了蓝。她已不是那个娇弱得惹人怜爱的小女生，两年的工作，已将她的眼神磨砺出冷静柔韧的光泽。昔日那种梦幻般的天蓝色，已淡化为沉静如水的朱砂红。问起他们各自的生活，一行人皆说马马虎虎。只有蓝，绽出美好的笑容，说，挺好。这是一个低调的女孩，她说得挺好，其实在我看来，已是完美。我想起那个总是以飞奔的形象，出现在我面前的男生，便笑说："我就猜想那个男孩，会对你一直好下去，这样美的爱情是可以持久的。"但却不曾想，她淡淡一笑说："如果不是老师提醒，我怕是连他的名字都想不起了呢。"

我这才很吃惊地得知，他们在大二的时候就淡然分手。男孩的家庭突然衰落，他需要为生计着想，每日依然骑着车子，但却很少去看她，而是辗转在各个打工的店铺。她其实并没有怨言，从不苛求他给自己买什么礼物。但他失了昔日的耐性，连打饭的时候需要在拥挤的人群里排队，都会一时愤怒，扔了饭盒转身走掉。他在俗世的考验里，终于慢慢露出粗糙苍白的情感，年少时的那份执着与爱恋，在琐碎难堪的俗世里，就这样一点点消磨殆尽。

后来她便遇到了现在的爱人，是在工作后相识。两个人皆是外地留京的漂泊者，家境也却一般，需要自己奋力拼搏，方能在繁华的北京有一处栖息的小房子。工作都忙，常常是早晨各自上班，到晚上才能见面。每月的薪水，需要算好了来花。甚至不敢生病，否则供完房子，薪水便会透支。但这样的艰难，他们依然彼此相爱。在拥挤的公交或是地铁里，他从来都是紧握着她的手。她要下车的时候，他就站在门口，替她挡着，怕司机不留神将她卡住。她的办公桌靠近电话，每到 12 点的时候，他都会准时地"打"来电话。只响三声，她并不接，但知道他是在催她"吃饭啦"。下班后他定是要来接她的，有时候晚了，没有公交，他们便手牵着手，花一个小时，慢慢走回家去。

蓝说，尽管他们在北京，只能供得起一室一厅的二手房；尽管他们为了省钱，要早起做好各自午餐的饭菜；尽管他们处处要与生活讨价还价，但是，正是这样俗世的烦扰，让她看清了爱情的内里，知道长久的情感，必得经过这样的历练，方能开出粲然的花朵，结出醇香的果实。而那年少时无关物质的爱恋，不过是一场浪漫，俗世的热气一来，便化为烟尘。

原来真正纯白的爱恋，只在喧嚣的尘世里，地久天长。

青城之恋

每一个与我相识的人，都会问我，毕业之后一定留在北京吧，这是一个多么让人向往迷恋的城市。而我每次都会微笑回复说：不，我要去青城，为了爱情。

在未到青城之前，我总是将它想象成沙尘暴会瞬间袭来并使之即刻黯淡无光的城市。生在泰山脚下的我，还对这个城市的严寒充满了恐惧。所以感觉里，自己为了爱情来到这个北疆之城，有悲壮的意味。就像我一个身在南方富庶之城的同学，在前往北方读书以前，曾经很可笑地将整个的北方，想象成荒蛮之地。

而当我在春天即将来到时，第一次跨入这个城市，我才发现它竟是与我遇到的这份爱情一样美好，干净，辽阔，温情。记忆最深的是青城的月亮，比其他城市的要明亮温柔许多倍。初春的夜晚，整个城市都笼在这样柔和的光里，与男友牵手走过北垣东街古旧的城墙，我总是会忍不住抬头，一次次看天空中硕大到让我吃惊的月亮。我惊讶于青城天空那种深邃的蓝色，以及雨后大青山犹如美人黛眉的温润。尽管整个城市并没有想象中“风吹草低见牛羊”的景致，可是却可以隐约闻得到青草的香味，心胸随之也怦然洞开，看得到长期黯淡的内里，开满大朵大朵灿烂耀眼的葵花。

我犹记得透过火车玻璃上很多年没有见过的冰凌花，第一次好奇地窥视这个城市的灯火之时，心里涌出的那股气流的滚烫的温度。想到此后要在这个有着“青城”这样美丽别称的城市，与一份爱情相守着度过自己漫长的一生，我无法不对它充满一种命定般的神秘与向往。我想要阅读爱情一样，一页一页地将之打开，看到它最纯净朴质的模样。

青城的出租车师傅们，总是操一口在我听起来，有点陕西和山西味道的方言。这样的语言有一股子泥土的朴实与温暖，不像在北京或者东北，因为语气太硬，总让你不敢踏入车门，怕一不小心便被司机给拉到偏僻地将钱骗了去。就连邮局的大姐们，普通话里也带着浓郁的泥土味。这样的味道让我觉得心内稳妥，也让我对于这类服务行业冷硬态度的惧怕开始慢慢减弱。我甚至还弃掉之前对陌生人的冷淡，开始喜欢和小商小贩们攀谈聊天，或者开开玩笑。

而今我与男友租住在内蒙古军区对面的铁路小区里，我常常下楼去门口的超市里购物，或者什么也不买，只是与卖肉的师傅聊一聊肉价的升降，或者青菜的销售，再或，与那个收银的女孩以及她优雅的母亲说几句闲话。这样一对长相极其相似的母女，她们让我在这个北方以北的城市里，觉得在粗粝的风沙之下，也可以有张曼玉一样优雅淡定的人生。做母亲的，声音里还保有少女的甜美的嗓音，我在她总是微笑的面容上，寻不到时光的痕迹，我总怀疑是时光忘记了这样一个四十多岁的女子。我从未见她生出过急躁，或者无故叹息，哪怕顾客将货架弄得再乱，结账的队伍排得再长。而她比我小了几岁的女儿，每次见到我，就会笑意盈盈地告诉我，今天我穿的裙子特别漂亮，或者我刚洗过头发的味道很好闻。我喜欢趴在柜台上，看她们不疾不徐地从容结账，或者整理货架。我总觉得她们代表了整个青城给我的感觉，优雅，知性，安静，喜悦。

是的，这是一个懂得自娱自乐的城市，就像我看那些店铺上方的蒙古语，每一个字词，我都觉得犹如跳舞的小人儿，蒙古族个性里的豪爽与豁达，影响着青城人的人生态度，也让整个青城的生活速度，较之于北京上海这类繁华都市，缓慢沉静了许多。或许这也是为什么我行走在北京喧嚣嘈杂的马路上，总是觉得世界苍茫无边，自己在轻飘的云端之上，而一踏上青城的大街小巷，则瞬间感到身处温暖琐碎的尘世之中，脚踏着泥土，手握着花香。

我想起我和男友最初租住的北垣东街一个小区里的房子，只有十几平米，与许多单身的年轻人一起合用卫生间与客厅。楼道里很黑，顶层的声控灯已经坏掉。我与男友为了这一个公共走廊上的灯泡，在夜色下骑车去买，等到安上，我看着明亮的楼道，还有路过的人脸上突然而现的惊喜，便对男友说：“你可以写一篇文章，名字就叫‘1.5元的光明’。”后来那篇温暖的文字，果然在青城的一家报纸上发表出来，成为我和青城最初的文字记忆。

后来我在那个卧室兼厨房兼书房的小屋里，伴着不远处几乎每隔十分钟就会有火车轰隆隆驶过的巨大声响，写完了我的第一部长篇小说《蓝颜，红颜》，而后又在新的敞亮起来的出租房里，与男友一起完成了第二部长篇《试婚》。我的文字，突然与这个原本陌生的青城，有了这样那样的牵引，犹如一株向上攀爬的藤蔓，因为有了这样一个盛放爱情的城市，而将成长变得坚定，明亮，一直沿着青城的墙壁向那蓝天上伸展。

而今，我已经完成北京的学业，追随着我的爱情，来到距离故乡有千里之遥的青城，并将人生的根须，像草原上的草，或者从青城去往草原的路上随处可见的明亮的向日葵一般，深深地扎入这个城市。

一个城市，之于一个人的意义，并非它是怎样的繁华，或者时尚，而是因为在这个城市的一隅，有一个人，或者一个温暖的家，在默默地为他守候，所以不管他走到哪里，都能够感觉到它温热的气息和从容跳动的脉搏。

而青城，因为爱情，无疑也在我的心里，成为这样一座无处可以替代的城。

爱的必修课

他在爱上她以前，因为斐然的文采和出色的外语主持天分，算得上学院里一个风云人物。不知有多少女孩子偷偷地暗恋于他，将情书放在教室的窗台上。也有大胆的女孩在路上拦截他，红着脸问他能否一起去看场电影。但他当时情窦未开，没有喜欢的女孩，所以对于这样热烈的追求，他几乎毫无感觉，只一心专注于学业。这样的淡然，反而惹来更多女孩子的爱恋。女孩子们皆说，他越是坚持自我，高傲行走，他在她们心里的影像，便越是印记深刻，且特立独行。

而她，便这样在他的视线里，从一群女孩子中脱颖而出。他记得见到她的时候，他正要上台，报下一个要出场的节目，在后台的幕布旁不小心撞到了她。他急急地说抱歉，她却莞尔一笑，柔声说没关系。他只是匆匆一瞥，便再也无法将她清澈纯美的笑容，从心底抹去。

这样深的印记，让他的那次主持因为走神而糟糕至极。他常常说着说着，便忘了台词，有时明明看着手中的提示，还是给念错了。一整场晚会，他的口误竟达十几次之多。他走下台时，甚至有学生当面指责他，说他为学院丢了颜面。

他当然不在乎。事实上，他在晚会一结束便去找了她。他约她去看通宵的电影，并因此在第二天，被查夜的老师毫不留情地在曝光台上记下一笔。

热恋中的他，与昔日桀骜不驯的自己，迥然不同。他的个性渐趋温和，早晨习惯跑步的他，将路线改成了他与她宿舍之间几百米的短途。他总是第一个从床上跳起来，跑去食堂买来早点，而后在她宿舍楼下等她慢腾腾起床。他会为了她的一句话，而一晚上不眠不休，辗转反侧。而在往常，他都是利用睡觉前的一个小时，写上一两千字的文章，投给报社的。他还时常逃课，只为转遍大街小巷，为她买无意中提及的一款衣服。常常当她发来短信说喜欢他的礼物的时候，他正在教室里，因为没有回答出一个问题，而被看好他的老师批得一无是处。

他与她谈恋爱的第一年，他的一门外语考试没有及格。最后交了补课费，又突击了十几天，才勉强补考通过。他们相爱的第二年暑假，他带她四处游山玩水，花光了身上的钱，途中冒险逃票坐上火车，但还是没有逃得过车警的火眼金睛，将之当面在火车上好一通训斥。他们相爱的第三年春天，昔日真诚劝说他坚持写作的编辑，渐渐与他失去联系，最后连他自己都几乎想不起，最初曾因为文笔而被许多女孩子们仰慕过。

大学即将毕业的那一年，他一心想着可以带她去自己家乡所在的城市，而后找一份安稳的工作，再结婚生子，给爱情画一个圆满的句号。但糟糕的事接踵而至。先是他被告知，因为有三门功课没有及格，他将无法拿到学位证书。然后便是他父母联系好的那家单位，因为某种利益上的原因，找了理由将他拒掉。而女孩子的父母则下了指示，如果不留在大城市，他们的爱情免谈。

他们就在这时开始了无休无止的争吵。这样的争吵，每一次都以他的妥协结束。他以为自己对她的迁就，会让她在毕业前的动荡时光里，一如既往地珍惜这一份爱情。可是他却发现，这样一次次屈服的结果，使他离她的距离愈来愈远。直至最后，她对他说：我们还是分手吧。

他起初几乎是愤怒，想到自己最美好的四年，为了这份爱情耽搁了学业，荒废了文字，疏远了主持，又弄丢了学位，连向来骄傲的个性都荡然无存，而这样的付出，却是没有换来一张爱情的毕业证书。

后来有一天，他遇到昔日一个曾经当街约他去看电影的女孩，他当即叫出了女孩的名字，而女孩却是看了他足足有十分钟，才小心翼翼地说：“很抱歉，你与四年前我所认识的你，变化太大。”他追问变在何处，女孩微红着脸，犹豫了许久，才道：“那时你独特的个性，不知吸引了多少女孩呢，可是现在，你走在人群之中，我却很难一眼就认出你，你的鹤立鸡群的光芒，不知为何消失得如此彻底。难道你不知道，那时你的女朋友，是费尽心思，才制造了一次让你注意到她的机会……”

他终于明白，他是最先丢掉了自己，才继而丢掉了爱情。爱的必修课，原来还包括如何始终如一地保持自我的光芒。

少女的唇彩

16岁那年，我在杂志上发表文章，有一个邻城的男孩写信给我，说好喜欢我的文字。那是我第一次从一个异性那里，得到这样真诚的赞美。我的心，像那娇羞的莲花，无限温柔下去。于是便开始书来信往的日子，把那心底最细腻的一份情思，悄无声息地写在纸上，附在美丽的邮票上，而后投进丁香树下绿色的邮筒里。那是最美好的一段年少时光吧，我的心里充溢了欣悦和羞涩，少女的所有忧伤和欢喜，晦暗和明亮，第一次在一个男孩子面前，带着初恋特有的甜蜜和清香，花儿一样一瓣瓣绽放开来。

有一天，男孩子在信里说：我们见面好吗，你来，或者我去。我握着信疯跑到操场高高的看台上去，而后再往下一步步走。我终于体会到那种眩晕的感觉了，它那么真实地环绕着我，就像那些云朵依偎着霞光，光芒让它们无处可逃，亦不想去逃。是路过一个楼梯口的镜子前时，我无意中一瞥，看到的，不仅是脸上少女的红晕，还有一个衣着素朴带了眼镜的拙笨又毫无灵气的女生。那才是真正的我！一个除了写字，再无优点可以展露的女生。文字里的我，不过是梦里渴盼中的，那个有许多人来喜欢的完美女孩。可是，除了妈妈，再无人说过我是美的。老师们总是说，你这样平凡的女孩，如果不好好学习，还能做什么呢？周围的女孩子也说，看安是一个多么平淡无奇的人啊，她连唱歌都是拙劣呢。

但还是在男孩一次又一次的请求里，回信给他：好，我坐车去你的城市。信寄出去的那一刻，我便开始搬出自己所有漂亮的衣服，一件件地用清水洗，除去那些折叠的痕迹。我又取了自己积攒下的钱，去眼镜店，悄悄为自己配了隐形。店主是个温和的女人，她看着我额头新冒出的旺盛的痘痘，柔声说：“你这么小，戴隐形对眼睛不好的。”我低头不言语，只是哗哗倒出大堆的零钱，一个个数好了，转身便飞快跑掉了。回家后妈妈看着我洗好的衣服，揉揉我乱蓬蓬的头发，说：“什么时候安这么勤快了呢。”我闻着衣服上太阳的香味，突然便笑了，我昂头冲妈妈撒娇，说：“安真的变了吗？”妈妈也笑，说：“是啊，安 16 岁了，比以前更可爱乖巧了呢。”

是妈妈的这句话，让我一下子充满了喜悦和信心，我想起那件从没有勇气穿出去的蕾丝花边的公主裙，想起可以与之搭配的浅粉色凉鞋，还有能够将头发松松挽起的紫蓝色丝带。或许，它们会让那个丑小鸭漂亮起来吧，我想。

就这样坐上了去邻城的汽车，躲在最角落里，掏出一面小镜子，将从妈妈梳妆台上偷偷拿来的一管口红，涂了又涂，擦了又擦。最后，是在镜子里，看到一双惊讶看过来的眼睛，才手足无措地将口红放起来。但还是因为慌张，一道难看的红色污痕赫然出现在洁白的裙子上。我拼命地擦啊擦，但那痕迹却愈来愈鲜明，直至最后，我终于难过地决定放弃。那时，车也慢慢地开进邻城的小站。我在小站的门口，看见一大堆来接站的男人女人，一脸的慵懒，亦一脸的灰尘。这只是一个灰扑扑的小城，并没有男孩信里描述的枝干苍劲的法桐和干净清爽的青石板路，而他说过的那些沿街叫卖花儿的女子呢，怎么也全然没有痕迹？我坐在车里，看到眼睛疼了，才终于相信，他没有来，亦不会再来了。因为，他或许根本就是一个比我还要自卑的男生，他撒了谎，却不像我，有勇气来面对那些原本善良的谎言。

悄悄地回到家，看见母亲正帮我整理卧室。她依然笑着问我，安今天在学校补习功课开心吗？我走过去，突然从背后拥住妈妈，无声地哭了。过了许久，妈妈才回转身，温柔问我：“看见你配了隐形，是不是因为不适就后悔了，所以想哭？”我没有抬头，却是哽咽着说：“妈妈，安在没有读大学以前，再不会因为美而戴隐形了。”妈妈便拍拍我的脑袋，笑道：“可是不戴眼镜的安的确漂亮呢，妈妈相信你今天一定是班里打扮得最美的那个女孩子，对不对？没有人比我们安更像公主呢。”

后来有一天，我在自己的抽屉里，发现了一管崭新的美宝莲的唇彩，还有一副小巧的隐形眼镜盒，我摘下笨重的眼镜，小心翼翼地戴上隐形，又对着镜子淡淡地涂上一层唇彩，那个素朴的我，即刻变得鲜亮润泽起来。那一天，我18岁，即将进入大学，收到的这份特殊的生日礼物，是妈妈给的。她在纸条上说：安，今天你终于长大，可以无须再那样卑微和自怜，亦可以勇敢无忧地去追求真正的爱情和美丽……

那个曾经自卑到试图用别人的称赞，来鼓励自己的女孩，终于长大到可以拥有一管唇彩的年龄。而成长中的苦涩与疼痛，亦在时光里，轻烟一样，从容自然地淡去。

幸福不是一种物质

去食堂打饭，菜有些凉了，卖饭的女孩子便放进微波炉，帮我加热。人很多，也很嘈杂，瘦弱的我挤在其中，遥望着我的饭菜，觉得时间真是缓慢。女孩子一直在忙碌不休，不知是否将我的饭菜忘记，我几次提醒，她都因为手中的工作而抱歉地笑笑。

终于有另一个女孩过来帮忙，她这才想起我加热的饭菜，急忙地转身去取。就在从微波炉到前台的几步距离里，我竟是看见她像一只飞翔的小鸟，因为这片刻的空闲，而快乐地哼起歌来，甚至递到我手中的时候，还调皮地朝我眨眨眼睛。蹙眉等待的我，本想抱怨她一句，扭头就走，但还是在她纯真的歌声里柔软下来，唇角微微上翘，说谢谢。而她，则略带羞涩地歪头问我："是不是，我唱得一点都不美？"我终于被这个女孩子的可爱逗乐了，又急急地纠正她说："不，你唱得很美，真的。"

这是我第一次真诚且毫不做作地，称赞一个与我素不相识的陌生人。只因为，她如一泓清泉，注入我浮躁嘈杂的心底，瞬间便将我遗失许久的纯净与安然，送到我的面前。

我所住小区的门口，有一间很小的不足十平米的房子，后来房子被一对浙江绍兴的中年夫妇租下，开起了小餐铺。铺子不大，心灵手巧的妻子却能够做出蒸包、蒸饺、米线、面条、酸辣粉、米粥等许多种饭来。再加上价格实惠，味道可口，很快便连小区旁边写字楼上的白领，也被吸引了来。冬天的时候，外面风呼呼地刮着，小小的房子里挤满了人，没有座，都站着，夫妇俩边忙得不亦乐乎，边招呼着让大家耐心等等，或者如果近道的，麻烦大家能够捎回去吃。夏天的时候，他们在外面支两把大大的遮阳伞，摆两张可以坐七八个人的桌子，但还会有人要被劝说着提回去吃。

这样拥挤狭小的空间里，除了有锅碗瓢盆桌椅等必备的工具，还包括了他们折叠的床、被子、衣柜、老式的冰箱、冬天取暖用的炉子、夏天驱赶蚊虫的风扇等等，但即便是这样憋闷矮小的房子，他们却从来没有想过换一个更大的。曾经向做妻子的提及这个建议，说："租一间大的房子，不仅可以招揽更多顾客，而且你们自己也能住得舒服，而不是像现在这样，每天单单为了打扫房间，折叠床铺，就得早起一个小时。"本以为女人会笑着说考虑一下，不想她当即便摇头说："为什么要换大的，我们这样已经很好很知足了啊。"

这是我没有想到的答案，在这个物欲横流的时代，我们总是想着住更大的房子，做更广的生意，生活更舒服奢华一些，吃穿更讲究品位一点。却不知道有人会在这样狭小逼仄到无法想象的出租来的房子里，说，已经很好很知足了。

是的，他们的知足不是说出来的，而是从内心的最深处，犹如花香，自然地从容地飘溢出来。知道顾客太多，便常常晚去，每每都到了七八点钟，才去那里吃一笼蒸饺，要一碗紫菜汤。若是夏日，暑气开始淡去，路灯次第亮起，不善言辞的男人，边听着他的评书，边认真地包着蒸饺，抽空还会喝一两小酒，捡几粒花生豆，而女人，则不由自主地，就哼起歌来。都是上一辈人传唱的老歌，但在那时的她唱来，却多了几分闲适、优雅与恬淡。我喜欢看她出门时的动作，对着墙上挂着的破损的镜子，抿一下散乱的头发，而后再拍打一下身上的面粉。这是一个活得丝毫不比我们这些白领粗糙寡淡的女人。她即便在这样黯淡的小屋里，也从来没有忘记，外面的花朵与阳光。

他们与这个城市里数以万计的打工者一样，在繁华的北京买不起房子，随时都有可能关门闭户，重新择地开业，而且没有退休金，也交不起养老保险。他们像那角落里的花，不知何时就会被人拔掉。但即便是这样，他们依然有小小的幸福，饱满恣意地绽放着，任是谁来，也不能将它们从心底连根拔掉。而这样素朴淡定的幸福，即使我们这些优越的白领，吃再高档的晚宴，喝再贵的咖啡，包再豪华的 KTV，用再名牌的化妆品，怕是也无法企及。

只因为，幸福原本不是一种物质，它只是一种感觉。地震可以震垮坚固的房子，但如果有相爱的人环拥着，我们依然觉得感激、满足；疾病可以摧垮一个人的身体，但如果你心存希望，精神的脊梁依然可以笔直挺立。

所以，永远不要忽略一朵花的美丽，一株草的生机，或者与家人的一个短短的电话，给朋友的一条温暖的短信，给陌生人的一句由衷的赞美。那些幸福的珍贝，就藏在其中，熠熠闪光。

等待秘密花开

她在吵嚷的学校食堂里，隔着小小的柜台看到他，便即刻失了语。

那时她刚刚高中毕业，父母没有钱再供她复读，她一句话都没有，便收拾了行李，随一个做厨师的亲戚来到了北京。每天，她都会站在柜台后面，做着千篇一律的工作：盛菜，打饭，端汤，收钱。但她从来没有厌倦过，能够站在自己心仪的大学里，隔着柜台看一眼那些比自己幸运的人，在面前穿来梭去，于她已是一种幸福。而能够瞥见他们手中抱的一本本书，哪怕只看到封面，她的心里也会激荡起层层的波浪。它们一次次地冲击着她心灵的海岸，让她在一片喧嚣里，始终觉得自己是一只鸟儿，有结实的翼翅，可以与他们一样带梦飞翔。

而当她的梦里，有了他的时候，头顶的那片天空，则愈发地明朗澄澈了。

她依然记得那一刻，他走到她的柜台前，敲敲玻璃橱窗，指指那份一元的土豆丝，而后将钱递过来。她接过那张带着他体温的一元硬币，慌乱地看一眼他温和的面容。这是她第一次遇到自己喜欢的男生，那种感觉，像是一朵荒野里的花，在寒风里，忽然被一双手温暖了片刻，欣喜中便绽放开来。她也知道这样的绽放是不合时宜的，那双手不过是无意中碰触到了她而已。可是，所有的爱情都是这样毫无预期地来到的吧？她只知道，那一刻，她不仅脸红心跳，不敢看他，甚至为他盛了三两米饭，却忘了告诉他，只买一份一元的菜，是不能赠送任何米饭的。

其实，他是个很平凡的男生，常常穿的，是一套学校的校服，一双白色的运动鞋，但无论什么时候看到他，都永远是干干净净的，就像一朵天上的云，漫不经心地飘在那里，却不知道，那样的存在，有多么纯净。尽管从他每次买的菜上，她能够猜测出，他来自于偏远的山区，父母没有多少钱，可以让他在吃穿上更讲究一些，但是她却固执地，欣赏他的这种素朴、安静。她永远都不会喜欢上那种衣着前卫却满口脏话的男生，甚至当他们毫无礼貌地冲她发脾气，嫌她打饭慢时，她会下意识地少给他们一些。而他，尽管与他们一样，或许从来没有注意过她穿了什么衣服，头上戴了什么发饰，但是眼睛里却始终藏着一股暖流。

这种温暖，只有她能够明白，因为她正一步步地逆流而上，而那股暖，也一阵阵地拍打着她的手背，溅起细小的浪花。她知道他读工科，比她提前一年来到这所大学。她知道每个周三上午的最后一次课，他一定是学的英语，而周五的下午，他会去球场打球。他还在校园里，为一家书店打工。有时候隔着食堂的门，她会看见他骑着自行车飞奔而过，她知道，那一定是他在去上课的路上。她一直觉得，他和那些各式各样的菜一样，是有味道的。他在她的心里，如一份清凉可口的沙拉，或者一盘碧绿的油菜，一碟清爽的泡菜。她喜欢这样简单的味道，胜过那些她无法奢求的山珍海味。那是家常的幸福的味道，不是所有的人都能够品味出来。除非，她是在爱里。

是的，她已经在爱里走了许久。而他，或许不过是将她当成一个再平常不过的打工妹。他只是习惯性地会到她的柜台前，打已经温凉的特价菜。或者在视线与她相遇的时候，冲她和暖地笑笑。再或，走过她的柜台，却并不停留，只是将眼睛淡淡扫过橱窗上的菜价表。她不知道他有没有觉察过，那些只有她才知道的秘密。她会故意地将一两片鱼，放到特价菜的角落里，只等着他来的时候，装作不经意地舀入他的盘中。而米饭，她从来都是给他多盛一两的。她知道他喜欢吃鱼丸，但因为价格，只每次将视线在上面停留几秒钟，便迅速地移开，但她却每次都记得，为他在米饭里藏一个小小的鱼丸。而菜的分量，必定是冒出勺子的，它们在勺子里，像她心里满满的爱，溢出来了。

但她知道，即便她的爱如解冻的小溪一样，哗哗地流过他的身边，她也会小心翼翼地不去溅湿他的脚。她知道自己的卑微，尽管她偶尔听说，他是贷款读书的。可是学校的大门，她可以进来，但从食堂到教室的二百米的距离，她却是永远也无法跨越，除非，她能与他一起站在柜台的外面，哪怕，只是点一份最简单的土豆。

没有人知道她的这个向往，是如何的炽烈。它在她的心中，如一团火，熊熊地燃烧着。几乎每天晚上，她都会在别人躺下的时候，拿一本英语书，到走廊上去，借着微弱的灯光，看到梦神温柔地过来唤她。日间的疲惫，因了这一段无人知晓却快乐充实的时光，而青烟般散去。她在来到这所学校后的第一个月，认识了他，却为此付出了十一个月，来昼夜兼程地追赶他。昔日那些难懂的习题，拗口的单词，总也记不住的文章，全都在她的心里，如一株藤蔓落在窗户上的剪影，被他这股温暖的风一吹，便即刻生动起来。

一年后的一天，她又在食堂里遇到了他。他对着给自己打饭的女孩，疑惑不解地问道："你们食堂的菜和米饭，为什么比昔日少了呢？"柜台前的女孩散漫地瞥他一眼，便将盛米饭的盘子扔在秤盘上，计量器的针精确无误地指向 2 这个数字。他站在那里呆愣了很久，才将手伸向盘子，扭头走向对面的餐桌。而她，就坐在同一个餐桌上，等着他的到来。

从食堂到教室的那段距离，她用了整整一年的时间。而今，她终于能够有机会亲口告诉他，那一两多出的米饭的秘密，还有，她曾怎样深地爱恋着他。

听话的孩子没糖吃

喜欢在人多的时候，突然间发出尖叫，然后边装作什么事都没有发生过，边得意享受所有人都回头看我的视线，并自私地想，那个依然认真做事的男人或者女人，是不是耳聋，这样高的分贝，为何都不能引起他（她）的关注？

这是18岁以前的我。那时我在人群里，犹如一株长在庭院里的玉米，或者棉花，因为不合时宜，而基本不会被人注意。大人们忙，丢给我钥匙与零钱，便为所谓的辉煌前程而奋力奔走。我在他们屁股后面，看着那些凌乱不堪的脚印，知道不管自己如何用力，都不会将它们掩盖，或者擦掉。我想要和邻家的孩子一样去游乐场，于是小声地向妈妈请求，又讨好似的帮她洗碗。她却瞪我一眼，抱怨我的插手给她带来了更多的麻烦，并对我的请求，用不置可否的沉默与冷淡，代替了我想要的答案。我还想知道为何夜晚的萤火虫会提了灯笼不倦地飞行，是要寻找朋友，还是为其他的昆虫照亮路途，或者故意捣乱，将宁静草地上的许多小梦吵醒，就像我常在父母午休时做的那样。

可是父母们根本不屑回答我的问题，他们将我这个小小的人儿当成毫无思想的小狗小猫，只要吃饱喝足，便自动跑到阳光里眯眼小睡，或者等着主人闲极无聊，给予慵懒的爱抚。他们常说，大人的事小孩子别管，或者说，等你长大了就懂了。我以为只要听话了，就能赶走心内的孤单，或者换来与大人们平等的交流，可是我发现一切都是徒劳。当我成为父母的好孩子，或者老师们眼里的三好生，我依然有无法排解的孤单。就像，那把始终挂在脖子里的钥匙。

我就是在这时，学会了尖叫，并努力地挣脱掉那顶被大人们扣上的好孩子的帽子。我在想要达到某个目的的时候，故意不好好吃饭，一只眼盯着碗里流光溢彩的鸡腿，一只眼看着大人阴晴不定的脸色。我等待着他们抄起笤帚，将我追赶得鸡飞狗跳，可是什么都没有，他们并没有真正地动怒，甚至当我尖叫之后，妈妈还跑过来，关爱地抚摸一下我的额头，看是否生病烧出了脾气。而我向来听话懂事的姐姐，则因为吃红烧肉时没有出息地吧唧了一下嘴巴，而被哄劝我吃完饭便去电影院的妈妈扭头训斥了一句。

我发现这一招真是有用，当我想要新衣服的时候我尖叫，妈妈会忙不迭地放下手中的活计，安慰我说等忙完这阵便带我去城里选购；当我生病的时候我哭闹不止，妈妈便会焦急地边催促爸爸去找医生，边将家里藏着的招待尊贵客人的点心拿出来给我。而姐姐，则只能躲在门口，偷偷流着口水看我大嚼大咽，又将点心碎屑弄得满枕头都是。当我知道考试不会有好成绩，我便故意离家出走，将父母老师吓得心惊肉跳，等看我完好无损地出现在他们面前，才长吁一口气，并如愿以偿地给我一句，考试结果无所谓，只要人安全回来就好。当我为这样的计谋得逞而窃喜的时候，我那可怜的三好生姐姐，则因为考试倒退了一个名次，被爸爸惩罚，不能看最新播出的动画片。

当我有一天，终于被父母定义为坏孩子，我发现我不仅没有失去我想要的糖果、玩具和华衣彩服，而且比听话的姐姐得到的更多。我可以肆无忌惮地给父母们提各式的要求，而不会被认为过分，因为，只要我能够做到优秀姐姐的一半，他们就已心满意足。

一路走来，我总是比姐姐得到更多的关爱与照顾，姐姐成绩优异，无须督促便可以完成所有父母想要的心愿。她可以成功拿到最高的奖学金，可以在不该早恋的时候自动杜绝一切男生的示好，可以体谅父母的辛苦而天天穿着让青春黯淡无光的校服，可以顺利考入名牌的大学，并勤工俭学自己挣取学费，可以在激烈的竞争中为自己谋得一份高薪的职业。而我，却是被父母赋予最低的期望，只要健康安稳地成长，大学与工作，皆可以放低一个档次。

后来有一天，我和姐姐一起回家，我们将给亲朋好友买的礼物，一一分发下去。每发一份，便会换来一声尖叫，大人们纷纷说：“瞧，那个总是给人带来麻烦的小孩，竟然有这样繁花锦簇的今天！”所有的人，都将夸赞与拥抱热情洋溢地给了我，而那个从小便没有让人失望过的姐姐，则再一次被忽略掉，成为我尖叫人生里的一抹安静的陪衬。

姐姐说，一直以来都有高处不胜寒的孤单，我以为只有飞得更高，才会被人关注，是到今天才明白，听话的孩子没糖吃，一路走来，恰恰是那些如你一样，在尘世里被贴上坏孩子标签的落伍者，因为引人瞩目的尖叫，招来外人的关爱，并分到了旅途中最闪亮的那块糖果。

站在我光环下的你

他从小便生长在我的光环里，说不清是悲是喜，就那样悄无声息地行走，听着我轰隆隆碾过的得意的车轮。

我读大学的时候，他才刚刚小学毕业，没有考入重点中学，有人见了他便嬉笑说："你姐姐当初读的可是最好的初中，你念的这所，她看都看不上眼呢。"他也不争辩，白人家一眼，便用力地甩一下书包，嗖一下跨上车走人。那车也是破旧的，他几次央求家人要辆新的，可是无用，父母总会冷冷丢给他一句："你姐姐当初还没车可骑呢，不照样进了最好的中学，且年年考试第一？"他不再言语，只拿起气管，哼哧哼哧地给车打气，好像将自己心里的怨怒，也一并充入其中。

他在学校里遇到的老师，有听说过我的，上课的时候看他开小差，偷偷听流行歌曲，便用教鞭敲他的脑袋，挖苦他说："你和你姐姐都是一个爹妈生的孩子，怎么差别就那么大呢？"他红了脸，将 CD 机关掉，耳机却塞在耳朵里始终不肯摘下。下课后有同学围拢过来，将一本最新的杂志放在他面前，指着上面我的笔名，说："看你姐姐又发文章了，写得好棒呢，你那些经常被老师念的文章，不会是她替你写的吧，或者是将你姐姐读书时的作文拿出来抄了一下？"他并不气，拿过杂志，翻到我的那篇文章，趴在书桌上默默地看完，而后起身去还。

我和他很少说话，放假回家的时候，看到我，他都不会喊一声姐姐，却会在父母不在家的时候，笨手笨脚地去厨房做饭，煮了稀粥，炒了青菜，还用油炸了丸子。我坐在沙发上看书，他便端过来，说："吃吧。"父母回来看到他烧的饭菜，尝一口，说：“真咸，怎么能吃？”我替他解围：“比我做得好吃多了。”父亲便瞪眼：“做饭再好吃管什么用？学习要有你一半好我们也知足了。”

我在家的时候，他与父母发生冲突的几率也高，常常便不知怎么，就和他们争吵起来。他不是那种叛逆到跟父母气势汹汹吵闹的孩子，他只是争辩两句，便出了家门。家人从不去找他，也知道他没有钱，根本走不远，顶多是在小城里游逛到天黑，而后踩着稀薄的月光，寂寞地走回家来。自己会去厨房里找吃的，剥一根大葱，啃一个凉了的馒头，老鼠一样咯吱咯吱吃完了，便上床睡觉。

有时候我会背着父母出去寻他，在家门口父母不会经过的小巷子里，他坐在石凳上，低头用一根树枝胡乱地画着什么，我劝他起来回家，他始终不肯，只说：“让我一个人待会儿。”我只好走开，听见后面啪嗒啪嗒的脚步声，回头却看到一只毛色灰暗的流浪狗，停住了，用忧伤的目光，安静注视着我。我的心突然很疼，不忍再看，扭头走开。

年龄愈大，我们的话语愈少，后来他用几十块钱从同学手里买了二手手机，开始发短信给我。省钱，所以每一条短信都会很长，而我因为懒惰，回复给他的常常很短。大多是学习中的苦恼，或者与父母的矛盾，我总是教育多过沟通，他便淡淡回一句：看来你也不能真正理解我。我并不计较，删掉短信，继续自己的城市之旅，将不知如何寻到出路的他，丢弃在小城。

他的QQ一直挂在我的上面，灰色的头像从未亮起，但签名档里却总会更新。也不知是不是写给我看，忽而明亮自信，忽而烦恼厌世。有时他会留言给我，碰到我在，也不多言，得到回复便即刻止住，说：姐姐你忙，不扰。我总是千篇一律地叮嘱：在父母面前多说几句好话，让他们高兴，你也不会缺了什么，以后出门读书，想听唠叨，怕是还寻不着。他从不回复我这样的说教，也不知是已经关机出了网吧，还是根本不愿提及这个话题。

有一天在家，我无意中进入他的卧室，打开床前的抽屉，看到一本厚厚的留言册。心内好奇，打开来看，一页页地翻过去，心内便生出丝丝的疼痛，犹如一把小刀，面无表情地割着我的手臂。几乎每隔两页，便会看到别人给他的留言里，千篇一律地说：真羡慕你，有一个如此优秀的姐姐，有她一路帮扶着，想必你也会有美好幸福的未来。留言册的下面，是一本一本的杂志，我的文字在其中闪烁光芒。我出过的第一本书，也不知他从哪儿买到，已经翻看得书页脱落，却在抽屉的最里面，以它夺目的光泽，将他整个的年少时光霸道地笼罩。

突然想念十岁以前的他，送我上学，在雨后的泥地里走，我载不动他，他便啪一下跳下车去，踩着软泥，在小路上一边奋力飞奔，一边回头看我，而且兴奋地大喊：姐姐，快点骑啊！你追不上我啦！我看着他两条瘦瘦的小腿，犹如一只鸟儿的翼翅，自由地在风里拍打，心底的温情慢慢膨胀成一朵大大的棉花糖。

那段记忆，我写入了书里，我知道总有一天，他会看到，而我也会看到，他褪掉沉重的外壳，如一只蓬勃的大鸟，毫不犹豫地飞离我锐利冷硬的光环。

即便我们的灵魂，
如无花果一样的素朴和卑微，
在姹紫嫣红中，只能将小小的花朵，
隐匿在枝叶的深处，又用密不透风的花托，
将其重重地包裹，可是春天的露珠，
还是在微凉的清晨，轻盈地滑下，
落在我们向着美好绽放的心上。

第五辑 无花果也有似锦的春天

行在我生命左侧的旅者

在北京，我总是迷路，站在川流不息的天桥下，常常就丢了来时和要去的路。很多时候，我甚至不如那些骑了自行车，在一条条胡同间自如穿梭的异国旅者。他们的汉语说得字正腔圆，而对于让我头晕眼花的地图，翻看起来，更是有指点江山的豪迈气概。

那次又是如此，要去法国文化中心看一个关于波伏瓦的纪录片，出了地铁，便被呼啸而来的高楼大厦，给硬生生夺去了仅存的方向感。百度来的地址上写着向东百米，再左拐至一个胡同，行上百米，沿街的古朴小楼便是所在。可是，看看在头顶正上方悬着的太阳，还有那些飞驰的汽车，行色匆匆的路人，对北京同样茫然的外地打工者，心底鼓足的那点勇气，轻烟一样愈来愈淡。

就在我问过十几个人，都无法得到答案的时候，一个骑山地车的法国摄影师闯入我的视野，他正单脚跨在车上，全神贯注地拍摄马路对面一角古寺掩映下的飞檐。而茫然四顾的我，恰好挡住了他的一小片镜头。他走过来，用英语微笑着问我能否避让一下。我说声抱歉，勉强从焦灼的唇边，挤出一丝微笑，转身要走。他却又突然叫住了我，问，是否需要他的帮助？

没开口，却在他的这句问话里，先自笑了。他人聪明，很快猜出我是迷了路，从大大的背包里拿出一本详细的地图册，而后得意朝我一扬，意思是：说吧，想去哪儿，包管都在这里。

我半信半疑地说出目的地的名字，他即刻自信满满地朝东一指，说，百米，第一个十字路口处到唯一的胡同口，会看到一座标志性建筑，建筑的对面就是我所要寻找的地方。

果然在他的指点下，我成功抵达目的地，而且，赶上了刚刚开场的精彩电影。看完的时候，买了一杯咖啡，在安静的图书室一角，边细细品着，边翻一本法语的画书。翻至中途，无意中抬头，看见对面的桌上十指在键盘上飞扬的，竟是为我指路的法国摄影师。恰好，他也抬头，看到了我，彼此相视一笑，他又低头忙碌。

走的时候，我经过他的桌旁，道声再见，像熟识很久的朋友。他也温暖地笑笑，幽默回说，下次再走丢了，记得找街头骑车的法国帅哥。

又想起在北京电影学院的咖啡厅里，与一个同样蹭课失败的美国女子，愉快相聊的午后。她在北京行走了六年，辗转各个中心，做文化交流的使者。只是因为即将到来的婚期，要结束在中国的旅行。那个秋日的午后，我们坐在可以看得见明净天空的窗边，毫无隐藏地谈起彼此的爱情。她原本是一个坚定的独身主义者，遇到许多向她示爱的男人，都不曾有过心动。她以为这一生就会这样在中国度过，不孤单，但也在充实之外，有一丝无法排解的落寞。是在北京的一次画展上，她与未婚夫视线相对，并在那个瞬间，认定彼此就是要相守一生的那个爱人。已近不惑之年的她，第一次被一份爱情强烈地吸引，且愿意为此牺牲热爱的事业。

她说这些的时候，眼睛始终看着窗外那株高大的皂荚树，湖蓝色的眸子里溢满了深情与思念。那个她爱的人，只是一个普通的工程师，住租来的房子，自己 DIY 所有的家具，用被我们中国人淘汰的老式相机和家电。房前的篱笆上，用歪歪扭扭的汉字写着：迎娶我可爱的新娘，灵。灵是她的中文名字，而“心有灵犀”，则是她最爱的一个成语。她说中国人信奉“心诚则灵”，而她定是因为此生的修行够了，才遇到了她的爱人。

那是一个无比愉悦的午后，我至今依然清晰地记得，当我们打开心窗，了无隔阂，我曾经迷惘的爱情，被这个异国的女子指引着，穿越了一路的花香和皂荚树的阴凉，终于找到了归去的路。

而那个在街头只因为我笑看一眼，便执意追上我，介绍自己名姓的南非留学生；还有长城上与我彼此鼓励努力向上攀爬的丹麦画家，热情为我在电影学院做蹭课指南的巴西女孩；在 798 艺术中心为一幅画的艺术理念，而与我相聊许久的英国妇人；看话剧时因为遮挡了我的视线，而坚持与我换位的澳洲剧作家，他们行在我生命的左侧，本应像那过眼烟云，一阵风来，便了无印痕，可是，当我行走愈远，他们的影像却在我心灵的屏幕上愈加地清晰。

他们叫什么名字，我皆已经忘记，但我却深深记得，他们在北京的街头擦肩而过时，给予过我的清澈澄明的微笑。

良心的利剑

他是我认识的一个教授，在学术界有很高的威望和声名，他门下的弟子也个个都是精英。为了保证教授的质量，许多年前他就奉行一个原则，即每年只招收一个博士生。但即便如此，报考他的博士的学生，依然如波涛般，今年败了，明年又卷土重来。而那个叫凡的学生，就是这样进入他的视野。

凡是个少见的有韧性的人，连续报考了三年，均以几分之差，屈居第二。第四年，凡又来考。他翻到凡的档案的时候，微微一笑，想，这次无论如何，也要给凡这样其实很是优秀的学生一个机会。这次，凡的成绩果然高居榜首。但是，就在面试的前一天晚上，校长亲自打电话给他，说："按照惯例，我们总是先要照顾一下自己学校毕业的学生，况且第二名也并不一定就比第一名差的，明天面试完后，尽可能多考虑一下，再做定论吧。"

这几句话其后的含义，他当然是明白的。每年总有一些人，千方百计地左右他的招生计划，但他每次都能做到公平。可是这一次，他却有些犹豫。校长为了招生，亲自打电话给他，还是第一次，而这个第二名的学生，与第一名的确是水平不相上下的。这个学生，有较深的学术功底，校长有意栽培，定是想要为学校培养一些后备力量，当然，该生的家庭背景，亦是不容小觑的。但那个一连考了四年的凡呢？难道为了一点私心，就让正处在一份巨大喜悦中的凡，瞬间跌落到冰冷的海底吗？如果这次真的开了先例，那么以后他在学生中的威信将怎样大打折扣？

那一晚，他枕着这些问题辗转反侧，想到头疼欲裂，却依然难以入睡。第二日晨起，他打电话给另一个参加面试的教授，竟是得知，校长也已经给这位教授提前打过了招呼。他知道这次遇到的阻力非同一般，只好希求在面试中，第一名的凡能够发挥出色，这样才能让那些阻力减弱变淡。但最后面试的结果，竟是两个学生的表现，不相上下，难分高低。

面试结束后，他与另外几个教授，就究竟是按初试成绩，还是按照优先考虑本校学生的原则录取，好一番唇枪舌剑。最终，以无记名投票表决的方式来决定录取。这是为了照顾校长面子的唯一可以选择的方式，在此之前，校长从来不过问他招收学生的情况，基本上是他一个人决定。而这次，他在据理力争之下，很勉强地接受了这样一种方式。结果当然是在预料之中，他一直想要招为弟子的凡，在一种无形的压力下，终被 PK 下去。

而他就是从那时，开始被一种奇怪的愧疚和不安折磨着。严重到每每看到这个被招收上来的学生，就会想起凡。想起他在面试上一副意气风发的模样；想起他挤在人群里，看见喜庆的红榜上没有自己名字时，眼睛里瞬间闪过的失落和哀伤；想起他看到自己走过来时，扭头走开去的尴尬。那一年，他比任何人都要盼望着下一届招生的到来，他想只要凡通过考试，无论如何，他都会将他招到门下，以此弥补曾有的过失。

但是，凡在那一年却没有报名。他在惶惑里又度过了漫长的一年，而凡依然没有来。他终于知道，那一次的错误，已经将凡的自信和坚韧，彻底地击垮了。这个如此醉心于学术的学生，或许此后，再不会沿着这条路，坚持不懈地走下去。而他，原本可以“无视”权威，“无视”其他专家的意见，将凡领入向往的芳香之旅的。

没有一个人知道他的老态，为什么如潮水一样唰一下就席卷了来。他在那其后的两年里，面容倦怠，神思恍惚，常常在登上讲台看到下面学生的时候，就将要讲的内容统统地忘掉，且走路竟也是蹒跚起来。不过是 63 岁的人，却有了 83 岁的老者才有的无法收拾的衰颓和溃败。许多人都以为他身体不好，劝他去医院诊治，他却总是慌乱地找理由推托。他的记忆力迅速地减退，可是他却怎么也无法忘记，凡转身时那淡漠的眼神，它像一把利剑，冰冷地插入他的胸膛。而他的良心，却将那把剑推得更深，直至最后，他终于无法承受。

他花费了很长的时间，才通过许多人辗转找到凡的电话。电话接起的那一刻，他没有来得及介绍自己是谁，便开口道："凡，你今年一定要来报考我的博士，只要你分数过了，我保证，一定让你顺利录取。"而在听到凡的应答后，他则立刻便挂断了电话，好像稍稍晚一秒，凡就会改变主意。

凡终于在四年之后，成为了他的学生，而且，是他的关门弟子。他在凡毕业的那一年，因病去世。他从没有告诉过凡，在那四年里，他曾与良心的利剑进行了一场怎样艰难痛苦的斗争，最终，心力交瘁的他，向这把无形的利剑举手投降。

凡自始至终不知道这其中发生了怎样的故事，所以，凡也从没有告诉过导师，其实自己从来没有怨恨过他，是他那一年觉得累了，才放弃了继续考试。而当他接到导师电话的那一刻，他心底充溢的，除了巨大的惊喜和感激，就再没有其他。而这位让我始终敬仰的教授，在安详地闭眼离去的时候，对此依然一无所知。

可人不知道的东西，时间与良心的利剑，却会清晰地记得。

我们差了有多远

我的一个叫王战飞的同学，当年读中学的时候，常常被我们这群优等生嘲笑，不仅成绩远远落在我们后面，还时常在上课的时候成为大家醒脑的笑料。那时老师也都不屑理他，听他鼾声渐响，就一个粉笔头砸过去，他常瞥一眼老师，惺忪地嘟哝一句："干吗打扰人家睡觉啊。"就又倒头睡去。他对师道尊严如此轻慢，除了带给我们一时的小喜乐，也会让我们私下里有小小的敬佩，觉得这厮的满不在乎里，其实是有种不怯上的勇敢。但究竟还是不屑占了上风，考本无望的他，再怎么折腾，估计将来也就是在底层混罢了。

所以毕业写留言，好多骄傲的优等生都不屑找他，等到他借扩招才考取了一个三流大学的专科时，更是没多少人提起他。后来和我一样成绩优秀的学生，在本科读完后，又纷纷考取了一流大学的硕士，再然后便是赶上就业难的大潮，许多人胆怯，硬着头皮又去读博士。考不上的只好就业，东奔西跑，最后我们这群人里，有找到海尔公司去的，大家都已是羡慕至极。

半年后，无意中和那个去了海尔的同学相遇，竟很惊讶地得知，我们曾经集体嘲弄的王战飞，在同学去海尔之前，就已经升任海尔的区域经理了。而硕士毕业的他，正好被老总分到王战飞的手下，而且只能从业务员做起。我以为同学会觉得嫉恨且委屈，但他却是叹一口气，说："现在我知道，专科与硕士之间，其实只隔着极微小的距离，在学校里我们可以叱咤风云，但一旦出了校门，只要有王战飞的那股子劲，学历的距离和作用，就几乎是微乎其微了。"

据说这家伙读大学时，也是那副对什么都满不在乎的神情，学习平平，虽然任着学生会干部，但从来不像一般同学一样，在领导面前毕恭毕敬，他基本上是把领导当成与自己平起平坐的普通人看待的。而且这厮能上能下，学生会正混得如鱼得水时，突然辞了职，用自己学到的不多的经济学知识，在学校里开始实践。赔了不少钱，但也赚了不少。不管是赔赚，他都一笑了事，还说，只要我人在，怕什么呢?

他的这种张狂，常被周围的人取笑为无知，想他毕业的时候，自会吃苦头，知道一个专科生在这个看重学历的社会上，并不是像他想象的那样，什么都可以做成的。

所以大家毕业的时候，都因了自己的学历进行定位，觉得和高学历的竞争也是徒劳，不如定好位，找份工作，安安稳稳地做下去。王战飞却不，他几乎忘记了自己的学历，和一大帮学士硕士甚至博士们挤在一起应聘。有一天中午午睡起来，他睡眼惺忪地就去了海尔的应聘会场。身边的一大堆人都是一副严肃紧张、西装革履的模样。唯独他，不仅没像别人一样，带厚厚的个人简历，而且神情放松，似乎他不是来参加一场竞争残酷的应聘，而是从容地散步路过此地，一时兴起，就来小坐。

所以他进去的时候，连考官都是惊讶。当被问及来应聘什么职位时，王战飞闲谈似的反问考官，你们有什么职位呢，你们需要什么我就可以做什么。就是这样被考官称为“吊儿郎当”的模样，让他顺利通过了初试，且在接下来一连串的复试中，因从容自如，而打动了考官，最终留在了海尔。考官说，他是所有来应聘的人里，唯一一个不把海尔当回事的。甚至，他的举止里，有把海尔当一无名小企的倾向。但恰恰是如此，让考官觉得，这人在业务的开拓上，必有无限的潜力和勇猛。

考官果然没有猜错，王战飞从最底层的业务员开始做起，一路势不可当，三年后便因出色的业绩升为区域经理。当我们还在因就业压力而不得不准备考研时，王战飞连本科都没有读，就进了海尔。四年后，我们毕业，竞争依然残酷，但王战飞却到达我们不敢奢望的高处，而且，在我们一贫如洗的四年里，赚到了四十多万。

专科与硕士之间，原来只是小小的一步。如果说有间隔，也只不过是隔着硕士的自以为是和骄傲。但位居专科的那个人，却可以因了对学历的“无知”和不屑，以及不惧任何权威的勇敢和张扬，闲庭散步般轻松走过这一步的距离，甚至，将在前走的人远远地落在后面。

你的善良是一把尖锐的刀

他是我看到的这个城市中，跪地乞讨的孩子中的一个，有轻微的智障。我无法确知在抵达这个城市之前，他有怎样的生活，也无法想象他在被父母抛弃之后，是如何艰难地成长到十岁的年龄。我只知道，现在的他靠乞讨为生，随便住在马路边上破旧的拆迁房里，生活无以为继，却养着一条毛色发亮的大狗。

是的，他之所以吸引了我的视线，让我在出门上班的时候，关心地看他两眼，放他手边一元钱，买一份早餐送到他的面前，或者在他傻傻冲我笑的时候，回他一个善意的微笑，最重要的原因，便是这条与他相依为命的狗。

这条狗是他捡来的，一直养在身边。他将乞讨来的一多半吃食都分给了它。热的时候，他带它到护城河边洗澡。夜晚天凉，他依偎在狗的旁边，将身上的衣服脱下来，盖在它的身上。他乞讨的时候，狗趴在他的脚下，一副温顺安静的模样，似乎是在替主人赚取同情。

他与这条狗，如果没有什么意外，在城市的喧嚣和功利中，并不会引起太多人的注意，更不会有好事的媒体拥来采访，并将他的照片与采访录像，公布在大街小巷的报亭和户外屏幕上。

偏偏，他的狗在某一天吃坏了肚子，病倒了，站不起来，连叫一声的力气都没有。他无法像正常人那样，带着他的爱犬到宠物医院里就诊，但又不忍心看它一日日被病痛折磨，消瘦下去。他想要给它买干净的食物吃，并认定不远处的面包店里，有他的狗狗喜欢吃的喷香卫生的香肠面包。可是他没有钱，无法天天买到狗狗爱吃的食物，而跪在路边乞讨，又几乎不会被人注意。

为了狗狗可以尽快地好起来，他终于想出一条妙计。他在车水马龙的公路上，躺倒在车辆必经的路口，任人如何拉他骂他劝他，都不起来，除非车的主人可以给他钱。不论多少，都可以，只要给，他就会开心地放行。

他这样扰乱正常的交通秩序，当然不会长久。第二天便有人将电话打到交通部门，请他们给予阻止。同时来的，还有不放过一切热闹的媒体记者。

我是下班后，在地方台的频道上，看到记者通过镜头记录下的这一切。彼时记者将话筒对着躺在地上的他，问他为何不肯起来。他沉默不语，不肯配合记者的提问，直到有附近熟悉他的居民，让记者给他一元钱，他才恢复小孩子的天性，笑嘻嘻地跳起来，奔向他的狗狗。

记者又问，愿不愿意把他的狗狗送人，跟他们到福利院去？他听了即刻恐慌地抱住他的狗狗，连连地摇头，又轻声但却坚决地吐出一个“不”字。摄影的记者显然不愿意放弃这样生动的素材，频频地将镜头对准他无助的双眼，孤单的后背，与狗狗的相依相偎，喂食狗狗香肠面包时的快乐，外人对他同情的注视，看客眼中的好奇，他低头数钱时的喜悦，对除狗狗与钱以外世界的淡漠。

而我，则在这样带了猎奇与八卦的注视中，觉出了一种以善良的名义，给弱者所带来的撕裂般的疼痛。

那个地方栏目的主持人，向来擅长用方言讲述家长里短和马路新闻，并以这样琐碎八卦的话题，作为增加收视率的噱头。他在饶有兴趣地讲完这段最终也没有结果的新闻后，习惯性地说，希望会有好心人收养这个孩子。可是，他不知道，这样的希望自他的口中说出，是多么虚弱无力，而且我看不出，他的这个采访，除了给饭桌前的人增加新奇的谈资，还能予人更多的启发和同情。而访谈结束，电视关闭，那个为了给狗狗买香肠面包吃的孩子，他的生活没有丝毫的改变。那一次镜头的聚焦，给予他的，除了躲避与惶惑，并没有更多的意义。

我们以善良的名义，探过去的视线与镜头，它们骄傲地俯视下去，以为会照亮那阴暗里的花朵，却因为如此强烈刺眼的光线，而让那柔弱敏感的花瓣，愈加地脆弱不堪。

而世间哪怕最卑微的生命，它可以忍受忽略、忘记、击打，却唯独不能够被如此傲慢冷漠的善良，尖锐地刺痛。

一个静默转身的宽容

学院要策划一场大型的全国绘画艺术展，叫来十几个学生帮忙，小小的办公室里，每天都拥挤着忙碌的身影，联系知名的艺术家，制作炫目的宣传海报，找媒体参与报道，所有琐碎的事务性工作，都交给了这些热情高涨、不计报酬的学生。负责此事的同事，被领导催着，还是时不时就对他们偶尔犯下的错误大发雷霆。艺展于学院非同一般的意义，和指导老师的百般挑剔指责，让激情洋溢的一群学生，一个个变得焦灼不安，小心翼翼，担心一不留神，就被老师当面批上一通。

在艺展开始的前一天，还是有一个女孩，因为一时疏忽，将某位学院领导的名字给打印错了。不过是重新打印一份发言次序表的小失误，但同事却紧抓不放，喋喋不休地将女孩狠批了半个多小时，又下了通牒，如果觉得自己干不了，干脆别进这间办公室！女孩终于忍受不了这样的委屈，哭着为自己辩解了一句，这一句瞬间点爆了同事愤怒的火焰，她将手中的东西一摔，气咻咻指着女孩道："明天，你不必再来了！"女孩当即收拾了东西要走，一旁同甘共苦的学生要拉，却被同事给止住了。人人都以为同事会一言不发地让女孩离开，或者，她足够宽容，将女孩留住，毕竟为画展忙了近两个月，没有功劳，也有苦劳。但同事却冷冷地对着全体忙碌的学生说："我们有一个学生，能力不足，现将她辞退掉，希望大家引以为戒，不要出现类似的失误。"

听学生谈起此事的时候，一直为同事和女孩惋惜，惋惜女孩遇到一个如此不近人情的老师，惋惜同事即便是在最后一切无可挽回的时刻，还要用“能力不足”这样伤害自尊的话，雪上加霜地给女孩最后致命的一击。即便是不考虑自己在学生中的形象，至少她也应该想想，女孩在众目睽睽之下，走出办公室的时候，有没有真的像她说的那样，将自己的能力瞬间质疑到最低点？

又想起另一个同事，因为一个男生不想听他的课，中途退场，他当即生了气，让男生站到讲台上去。如果同事继续讲课，让男生面壁思过也就罢了，顶多男生低头站上半堂课，埋怨他一阵子，也就过去了。但同事却把教案扔到一边去，义愤填膺地将男生一直批到下课铃声响起，走的时候，又愤愤加上一句：什么时候你当着全班同学的面道了歉，我们的课就什么时候重新开始。

那个男生，终于在下次课上，念了一封被命令修改了三次的道歉信后，才在众人同情的视线里，脸色青紫地回到了自己的座位上。他原本是个热爱艺术的孩子，在学校各项活动中亦是活跃分子，且备受女孩子青睐，但被执拗于道歉信真诚度的同事一而再再而三地精神折磨后，慢慢变成了一个沉默寡言的人。

我的第一个同事，此后再找学生做事，几乎无人响应，在学生中的口碑，也日渐地坏掉。而第二个同事，新开设的一门课，亦是极少有人愿选，最终，学院不得不撤掉了他的这门课程。而那个女孩，听说毕业后再不肯回母校，哪怕是路过，也觉当年羞耻依然历历在目。当年爱说爱笑的开朗女孩，大学毕业后，人间蒸发了似的，几乎不与任何同学联系。很有艺术天赋的那个男生，则彻底地改行，入了与艺术毫不沾边的行业。一句尖酸的话，一个冲动的决定，一颗斤斤计较的心，最终，改变了两个学生的人生。

很多时候，我们得理不饶人，不将冒犯了我们的一方穷追不舍、一直贬损到最后关头，便不肯放弃，却忘记了，保持沉默，少说一句刻薄的话，压制住喷薄而出的怒火，也是一种大度与宽容。在这个急功近利的社会里，我们固然做不到完全心平气和，但至少，可以在矛盾了无化解希望、彼此相背而行的时候，将最后一支锐利的箭按捺在心底，只给予对方一个静默无言的转身。

而这最后的宽容，很多时候，亦是一种心灵的美丽与柔软。

人不只是一撇一捺

朋友在一所大学里做老师，同时担任一个班的班主任。一群学艺术的孩子，平日里嘻嘻哈哈，跟朋友没大没小，聊起天来，还会当场批评她，有那么几次，让她险些下不来台。

有一段时间朋友因为忙着一本书的写作，对班里学生的关心有些疏忽。平日里她对这群学生，像对自己的孩子一样呵护，尽管朋友不过是个80后还不愿意长大的女孩。哪个学生有病，她必会赶到宿舍，嘘寒问暖。哪个学生心里纠葛，想不明白，她也会在休息时间，耐心倾听他们青春期的困惑，并尽其所能为他们解疑答惑。学生们乐意跟她这个姐姐似的老师说心里话，讲一些不想跟周围同学讲的小秘密。就连该不该接受某个男孩的求爱，也会给她倾诉。

朋友那时自己都没有搞得懂爱情，对于人生也是一知半解。用她自己的话说，还缩在青春的壳里不想出来。她一边用自己不多的人生经历，给这群孩子解决各式各样的问题，一边自己在周围复杂的人际关系里，跌跌撞撞地摸爬滚打。还好她有自信，相信凭借她满腔的热血，一定能让这些孩子们喜欢上她，并尽可能多地给他们解决一些实际问题。

在朋友写作此书之前，一切看上去都很完美，犹如绿水环绕着青山，她喜欢学生，学生们也依恋她。可是在朋友花了两个多月闭关写作此书时，学生们对她的态度却有了微妙的变化，似乎那泓碧水开辟了新的航道，于是离那昔日的山也便远了。

那本书因为属于学校承接的课题，所以学院特给她批了假，让她可以暂且不必管班里的琐事，由其中一个领导代为管理一段时间。等到朋友终于完成了任务，重新站到讲台上时，台下的学生，却开始了对她无休止的抱怨和讨伐。

有学生指责她逃避责任，对他们不再像以前那样呵护备至；有学生训斥她只顾自己评职称的私事，丝毫不在意他们在毕业即将来临时的慌乱；有学生控诉她去学生宿舍少了，不知是怕浪费时间还是唯恐他们给她添什么麻烦；也有学生干脆说她不称职，如果工作忙，还不如辞掉这个班主任算了。

朋友的脸青一阵，红一阵，不知道他们这样的批斗会，何时才会结束。后来是一个男生站了起来，总结性发言说，就这段时间而言，他们觉得朋友还不如那位代职的领导更称职合格。他还引了一个例证，说一次他们要制作一个宣传板，需要校长的一句“箴言”，可是他们在白天四处找不到校长，是这位领导晚上特意为他们打电话，求来校长的箴言。男生特意强调，换作是朋友，不知会不会拿理由推掉呢。

朋友哑然失笑，在这群学生拿这个领导和她相比的时候，她并不是不接受这些学生的批评和意见，但是他们竟然拿这样一个经常给同事穿小鞋的领导与她作比，她不能不觉得难过，为自己的一腔热情不过是因为两个月的忙碌，便被学生们淡忘。

那个领导，在学院里出了名的刁蛮且自私，尤其是对待那些有才华的年轻老师，他更是摆出一副老资格的模样，对他们想要出人头地的欲望，毫不留情地给予打击和压制。一次一个同事本来完全有资格评选副教授，可是在进行审核的时候，他硬是以其中一篇论文含金量不够，而将之剔除名单之外。虚伪，小肚鸡肠，精于算计，狡猾，嫉妒心重，几乎在所有年轻同事的眼里，这些词汇拿来形容这个领导，都不为过。可是偏偏这些学生，视线看过去的时候，只认出了“人”字的一撇，那相反方向走去的一捺，却被阻挡在校园的门槛之外。

朋友很想告诉这些激愤控诉她不称职的学生，“人”字写来是再简单不过，一撇一捺，没有弯折，没有沟壑，宛若一个路人，没有悲喜，亦看不清内心起伏，就那样在暮色里平静走着，余晖洒落下来，将之温柔环住，看上去似乎完美无比，可是那个隐在一撇一捺里的心，却不是他们眼睛所看到的那样明亮且生动，不经历俗世的击打和蒸烤，他们不过是眼睛明亮的盲人。

但朋友终究没有这样说教，她想其实用不了多久，走出校园的他们，就会懂得她的那些被他们过滤掉的真诚与热情。

人心卑微却不争

读书的时候有一个男老师，博士后毕业，却在学院里总是不得志。不仅老师们不喜欢，学生也是厌倦。上他的课，点完名后，不过是短短的十几分钟，他从讲台上一抬头，便发现少了三分之一的学生。当然都是从后门猫腰偷偷溜出去的。用同学的话说，就是坐在校园的石凳上发呆打哈欠或者背枯燥的英语单词，都比听他那干巴巴的照本宣科的课带劲得多。所以尽管他有着温和的好脾气，见到我们总是眯眼微笑，即便是有人在课上发短信打电话，他也只是用视线善意地提醒一下，便继续讲课，但是我们依然喜欢不上他，就像不能爱上一个寡淡无趣的老夫子一样。

常常听说他的许多八卦新闻。譬如被老师们淡忘，许多重要的学术会议，都没有人通知他去参加。偶尔有那么一两次，出于客气，大家让他发言，他总是话痨一样，喋喋不休地收不住尾，结果是惹来更多老师的厌烦。他还和所有的男老师一样，喜欢对女学生额外关爱一些，可惜他没有吸引女学生的潘安之貌，也无胡兰成的优秀才华，所以很多时候，他在考试中的体贴和照料，并没有让女学生们有多少的感激，照例是看一眼那成绩单上的分数，便将他连同他所教的课程，忘记在脑后。

所以基本上，他是老师中的弱势群体。我们一边觉得他需要人给予同情，一边又厌倦着他。看他在学院楼里夹着黑色的皮包，像惹人反感的推销员一样孤单地出入，就微微有些难过。他这样笨拙木讷的中年男人，也不知何时才能够时来运转，成为别人眼中的座上宾，或者是光芒四射、四处走穴的学者。

我们都以为他是一个永远都不值得我们留下记忆的老师，在这个人才济济的校园里，像某些毕业后就销声匿迹的同学一样，连记忆墙壁上的风景都成不了。是一次去他家送作业的偶然事件，让我们突然看到了一个卑微男人的宽容与良善。

我们都以为这个被学院老师和学生们集体遗忘掉的男人，在家中也活得渺小且无力。没有人注意到他的存在，或者他的家人同样指责他的软弱和黯淡。但那一天，我们却看到了他作为男人的另一面。这一面的他，顶天立地，宽厚温和，从容不迫。他热情地让我们坐下，而后又拿出奶糖与水果，递给我们吃，还特意去洗了手，为我们沏了一杯上好的普洱茶。他做着这一切的时候，脸上始终挂着笑容，似乎这个小小的家，是一片深蓝的天空，只要它在，那么一切世俗的烦恼都可以忽略不计。

而他的妻子，也始终对我们充满了善意，很温柔地坐在旁边的沙发上，边为我们剥着荔枝，边微笑倾听他给我们点评作业，似乎他说的每一句话，洒落在她的心里，都是细密柔软的雨丝。

有同学被这样安定美好的温情感动，忍不住道出一件自己认为不公的事。是一次学院老师们开年会，却故意地没有叫他，本是一场关于教学的讨论，因为发生了分歧，最后有老师特意地转移话题，将批判的矛头指向了他。那场批判大会，一向不招惹任何人的他，却因为大家想要娱乐和减弱矛盾，而成为了众矢之的。他在众人的描述中，成了那个鹬蚌相争从中得利的渔翁。他很快评定了职称，赶上学院最后一批福利房的好运。他没有多少学术水平，却因为和善的好脾气，而在选导师时，总有想要偷懒的学生选他；而那些真正有水平却总是忙着在各个城市间飞来飞去做报告的学术明星们，却因此与他争抢不过。假若用最通俗的话说，他是一个愚笨人，却总是有外人意想不到的好福气。而这样的好福气，又因为他的笨拙，遭来聪明人的非议与指责。

我们以为他听后会难过，或者失落，可是什么都没有。他依然微笑着劝我们吃手边的水果，好像刚刚听到的是别人的故事，再或，那些事情他早已经习惯，所以在他这里，便激不起任何的波澜，他有他沉静安然的幸福，而那些学院老师间利益的纷争，他不参与，亦不关心。

我们从他的家里走出的时候，他与妻子送我们到楼下，并站在门口向我们说再见。走了很远，回头还看见他们在安静地目送。昔日总是爱说他笑谈的同学，突然间眼眶红了，抬头看看天空，道一声“天空真美”，便不再言语。

我知道同学其实想说：他原来是这样心胸宽广到犹如深蓝天空的男人。但我也知道，很多时候，像他那样不争辩不言语，或许是一个卑微的男人，能够修炼成的最豁达的境界。

羞涩的富二代

我的学生里有为数不少的富二代，我在第一次登上讲台的时候，就一眼窥出来了。他们的神情大多是从容不迫、淡定自如的，见我有些唬人的简历，丝毫不觉得惊讶，倒是显得我小家子气，拿了虚浮的荣耀修饰自己。想想我比他们大了近十岁，一口气读完了博士，又差一点出国修炼镀金，这才铸就了今日这般上得了厅堂的模样。而他们，在我走出山村来到城市，连火车和天桥都没有见过的时候，就早已随着有钱的父母，走遍了祖国的大好河山，而且，欧洲游都不在话下。后来看到一个学生博客里，每逢假期，必走一个国家的豪迈气派，人顿时萎靡下去，觉得自己把一点北京生活的经历拿来示人，几乎会被他们笑掉了大牙去。

好在我读书还算丰富，不能行万里路，至少相比他们，有读了万卷书的气概。所以往他们面前一站，气势上可以略略胜上一筹，否则，他们准会不屑一顾地在茶余饭后，或者卧谈会上，给我毫不客气地下一定义：乡下来的。

网上日日都有富二代的不良新闻。打人、撞车、骂架、装乞丐寻求刺激、追漂亮女孩然后弃之，或者烧钱炫富，日日奢靡，所以我站在台上，看到那些打扮嘻哈或者西部牛仔，再或化浓重烟熏妆的富二代学生们，心里还是有一股子自卑和胆怯。这样的卑微，大约源于我草根平民的出身，源于我的从泥土里刨食来吃的农民父母。就像我的穷二代的学生们，在富二代学生面前，总是有一道无形但却无比分明的界限。这样的界限，飘浮在他们在食堂购买的饭菜里，隐匿在上课对我问题的反应中，深藏在他们看似随机选择的座位上，或者在下课后自动形成的小团体里。

因此我偶尔会用言语，打压一下他们让我此生无法实现的富二代气势。譬如一次，讲到《西厢记》里落魄了的富二代张生与崔莺莺，便顺口教导，万不要因为自己爹妈有钱，便在外人面前嚣张，或者逞能，所谓穷不过三代，富不过三代，搞不好被你坐吃山空了，就落到张生这样，父死被人欺的落魄境地。这样的打压，对于生活优越中的他们，不知道会有多少的心理反弹，但对于我，却有种不便明说的小得意。似乎，平日里因他们迟到、旷课、撒谎、尖叫、怠慢种种带来的心理创伤，皆可以因此而痊愈如初。

我没想到，就在我眼皮底下，一个富二代，竟然羞涩安静到半个学期过去，我都不知道她有如此优越到可以打败班里所有有钱同学的家境。这个叫宛的女孩，一直不声不响地坐在第一排，因为穿着素朴，我几乎将她忽略掉。事实上，宛的素朴，我后来才发现，应该叫低调，是那种牌子隐在衣服内里的名牌，穿在她的身上，因其静寂无声，而更显素雅。所以，我还一度将其作为“弱势”学生关爱有加，每每提问，都会对她的回答夸赞鼓励一番。还曾在她的作业上留言：凭借出色的朗诵水平，只要努力，四年之后，肯定可以骄傲地站在别的同学前面。她在拿到作业后，红了脸，悄悄看我一眼，大约算作对我这伯乐的感激。

有时在走廊里遇见，宛总是微微朝我一笑，道一声老师好，便再不多言，猫一样走了过去。班里的学生大多喧哗，更有一些打扮入时的女生，无视我的存在，在课上就敢吵嚷，甚至让其回答问题，都胆敢当面拒绝。唯独宛，永远都用仰慕的神情听我讲课，笔记本上总是满满地记录了很多的内容。

后来有一天，班里那个总是跟宛坐一起的女孩，在下课后，突然对我说：“老师，宛也是富二代呢，她爸爸是房地产商，算是我们班里最有钱的了。”不等我诧异，她又接着补充一句：“不过，她人缘特好，很有修养，跟谁都说得到一起，当然，她平时话不多的，倾听居多。”我想要问更多一些的内容，关于宛，却恰好看到宛走了过来，女孩子朝我吐吐舌头，便跑开了。

我坐在椅子上，看着那些安静走出教室的孩子发呆，然后想，富二代这样一顶在时下有些贬义的帽子，当被我们扣到这些青葱面容上的时候，是不是应该温柔一些？如果物质在带给我们奢侈与浮华的同时，亦能带来从容的心境，与对这个世界的把握与自信，那么，我们又为什么让新的一代，拒绝父辈带给他们的荣光，而甘心地居于贫穷？

无花果也有似锦的春天

她当初之所以放弃重点高中，选择这所普通学校，原因简单到无人会相信，因为在这所以艺术为主的中学里，老师们不会对奇装异服做出限制，而天天戴一顶帽子上学，更是不会引起任何人的评议。

她有许多顶帽子，绣一朵娇羞小花的，带闪亮星星的，有质感亚麻纹理的，飘有柔软丝带的，每一顶都是一种风情。这在以学习为主业的市重点里，无论如何，都会引起众人的非议，要么说她矫情，要么指她怪异，要么被老师上课飞白眼，要么遭女生嫉妒。而在这所崇尚张扬推崇另类的艺术高中里，她这样的装扮，引来的至多也就是欣赏的一瞥，那些学习音乐绘画和表演的女孩子，任何一个的衣饰拿出来，都比她要眩目且独特。隐在姹紫嫣红的春天里，做一株默默无闻的无花果，正是她一直都想要的。

在这所没有旧日同学的邻市高中里，无人知晓她的秘密。她可以带着那些五彩缤纷的帽子，高昂着头，走过一个个比她美丽妖娆许多倍的女孩。如果她们拿比试的视线挑眼看她，她亦不会像往昔那样，心内存有惶恐，继而将视线迅速地移开去。很多时候，她学会将同样带着点挑衅的目光，穿过湿漉漉的空气和空气中浅淡的花香，送达对方眼前。这样的挑战，于她，像是一场从没有过的战争，她能闻得到那浓重的火药味，听得到半空里噼里啪啦燃烧的声音，可是，她竟是很奇怪地享受着这一切。这让她自己都惊讶的改变，不过是因为那个让她难堪了许多年的秘密，被一顶顶精彩纷呈的帽子遮掩住了。

假若没有那次集体歌唱比赛，她或许会在这所学校里，永远这样快乐地过下去。偏偏，生活在很多时候，并不会按照预想的轨道平稳地滑下去，一不留神，它就偏离了方向，滑向她极力想要避开的沼泽。

是到比赛快要开始的一场排练中，她身后的一个女孩，笑嘻嘻道：“嘿，千万别忘了比赛时摘下你的帽子哦，否则到时咱班得了冠军，人家摄影师过来拍照，你这宽大的帽檐，会将我的花容遮去半个的哦。”周围的人皆笑女孩子的臭美，而她却在那一刻，脸色变得惨白如纸。班里做指挥的男生善意地走过来，问她是不是太累了，她慌忙地摇头，又用力地点头，而后歉意地说声“对不起”，便低头走出了队伍。

那个叫棋的男生，第二天再次排练的时候，写纸条给她，说：如果你身体依然不适，可以退出比赛。如果你坚持要参加，那么，能否帮我劝说一下那些女孩子，与你一样带上漂亮的帽子上台呢。因为，我突然发觉，这是一个吸引评委打高分的极佳策略呢。她没有想到，这个她素来没有注意过的男生，会有这样的建议，难道他已经洞悉了她的秘密？可是她与他，连话都没有说过几句，他怎么会知晓的呢？既然他都知道了，那是不是就意味着，周围的所有人都窥到了她的伤痕？

时间短得容不得她做过多地考虑，除了接受将帽子作为装饰上台比赛的建议，似乎没有更好的办法，来减少秘密泄露带给她的无处可逃的恐慌与疼痛。

但这个建议一提出来，便遭来许多女生的反对，尤其是那些对棋渐渐生出好感的女孩子，更是醋意大发，说：“凭什么就因为她一个人戴帽子，就让我们所有人都扮演那个效颦的东施？与其让我们迁就她，不如用更省事的方法，让她摘掉帽子，假若她不肯摘，那只能说明她或者棋心内有鬼。”亦有人说：“既然是她建议的，那就让她给每一个女生买一顶漂亮的帽子来好了。”

她在种种的流言里，做回昔日那个缩在壳中的自己，就像那无花果，将小小的花隐秘地藏在叶腋间，又用密不透风的花托层层地包裹起来，不让任何人看到。可即便是这样，她还是感觉到了初春里料峭的寒风。

最终是班主任出面，说这的确是一个很好的主意，所以如果大家想要争冠军，就按棋说的，戴上自己最漂亮的有蕾丝花边的帽子来参加比赛，实在没有的，可以借一借嘛。班里的流言，因了班主任的决定，小了下去。她小心翼翼地在比赛的前一天，拿来许多顶蕾丝花边的帽子，交给棋，棋笑看她一眼，说：“别只记得做贡献，你自己也要戴上最美的帽子来哦。”她没有接棋的话，但一颗心，还是因了这一句话，瞬间有了温度。

那场比赛，他们独特的装束，果真给评委留下了最深的印象，最终，他们以一分险胜于邻班。上台领奖的时候，很多女孩子纷纷兴奋地将帽子扔起来，她抬头，看着那些斑斓的帽子在半空里飞上飘下，犹如一只只灵动的蝴蝶，那一刻，她不知道究竟是什么鼓动了自己，勇敢地，做出了一个艰难脱帽的手势。而棋，就在这个时候冲过来，一把将她的手按住。

她最终放下了手。但她却知道，这一次放下，并不是逃避，而是像洞悉了她所有秘密的棋说的那样，放下心灵的负荷。她可以选择一顶又一顶的帽子，遮掩住头顶巴掌大烫伤的印痕，亦可以像无花果，用结实的花托，为自己的青春做一间小小的房子，而她的心，在其中呼吸畅然，翼翅轻盈。

是的，为什么不呢？谁又能说，无花果小到无痕的花朵，不同样能够扮靓这个湿润芬芳的春天？

我的老师未成年

隔壁四岁的糖糖，见我每日里行色匆匆，神情淡漠，连招呼都懒得跟她打，便生气，噘起小嘴抱怨我说："阿姨，你得学会懂礼貌，这样才有小朋友喜欢你哦。"我笑问她："怎么才算有礼貌呢？"她便立即学了幼儿园老师的语气，笑眯眯地教育我说："见了朋友要开心地问好，下班的时候要给周围的人一一说再见，路上有老伯伯看着你微笑，你也要甜甜说一声伯伯好。"

我想起自己的热情，都给了可以提拔自己的领导，至于身边的朋友和同事，没有事情，连句问候的短信都懒得发，路上遇见了，常常省略了言语，只是例行公事般地点点头，就埋头想自己的小喜乐。觉得孤单的时候，更愿意一个人闷头上网，东游西逛，却从来没想到，如果自己主动地对别人微笑，说一句闲话，道一声"阳光真好"，心情也会跟着有个风和日丽的好天气。哪怕只是个欣赏你别致衣裙的陌生人，片刻上扬的唇角，也会让我们此后的一天都神清气爽，温暖如春。

朋友从国外带来很昂贵的一盒巧克力，我悄悄给糖糖一颗。糖糖剥开后放进嘴里，很快便因其迷人的滋味，幸福得眯起小眼。我问她是不是很甜呢？她点点头，随即附在我耳边，低语道："阿姨，我还有一个让巧克力变得更甜的办法呢。"我迷惑不解，问她："那这个秘诀是什么呢？"她略带羞涩地恳求道："只要阿姨能再给我两颗，送给我幼儿园的两个好朋友，我嘴里的巧克力就会更甜啦！"我立刻拒绝了她，我说："那怎么可以呢，这么贵的巧克力，留给自己慢慢吃，这甜味才会持久呢，记得好东西要留给自己享用哦。"糖糖听了不依不饶，又将嘴里的那一颗吐出来还给我。我只好又拿出两颗来给她，这才把她的眼泪挡住了。

第二天她欢喜地过来找我，说：“小阿姨，谢谢你的巧克力噢，我的好朋友也让我给你捎来两粒大白兔的奶糖吃呢。”我剥一粒放进嘴里，竟然发觉原本不喜欢吃的奶糖，有了一种特殊的味道，丝丝的甜味，像是缕缕花香，飘进我的心里，而后又缓缓扩散开来，将这甜美的滋味氤氲了我的每一个细胞。这才明白，原来幸福真的是越分越多的，只要你肯将这份幸福，交给熟识甚至陌生的人们。

后来有一天，我房间的下水道堵了，脏水漫溢了整个房间。我要去找维修工，糖糖却立刻将爸爸叫了来。没费多少力气，糖糖爸爸就帮我修好了下水道，还和糖糖一起将弄脏了的房间收拾干净。我看着他们满头的大汗，觉得过意不去，便要请他们一家人去吃肯德基。糖糖却嘻嘻笑着拉爸爸走，走到门口又意犹未尽地说：“雷锋叔叔做好事都不留名呢。”

但我还是在第二天，打听清楚修理一次下水道所需要的费用，又按照这个标准买了等值的礼物给糖糖家送去。待我说明了来意，糖糖即刻代爸妈生了气。糖糖说：“阿姨不是个好孩子，不听老师的话，我们老师说了，邻里之间要互相帮助，收礼只收一声谢，你已经说过谢谢啦，为什么还要再送礼呢？”糖糖妈妈正要接过东西的手，很尴尬地停在半空。而我，在这句话里，想起自己等价交换的处世原则，脸也和糖糖妈妈一样，倏地红了。

糖糖在楼下小花园里玩，一个和她玩得正高兴的小女孩，不知为什么，突然将糖糖推倒在地上。糖糖的眼泪，立刻在钻心的疼痛里，哗哗流下来。那女孩见状要溜掉，我随即抓住她，让她道歉。女孩道完歉我还要接着批，却被糖糖拦住了。她抹掉眼泪笑着说：“阿姨，我们是好朋友，老师说，好朋友不能记仇，要相互宽容呢，所以让我们继续玩好吗？”

我吃惊地看着糖糖，想告诉她，大人的处世方式，常常是互不相欠的，如果你欺骗了我，故意绊倒了我，那么我们彼此之间，就会互相地提防，就再不可能继续亲密无间地处下去。可是这样残酷的哲学，糖糖却用简单的几句话，就给消解掉了。是啊，假如朋友伤害了我们，为什么我们不能学着去宽容，学着忘记仇恨，记住我们曾经是一路走来的朋友？

作为大学老师的我，从没有想过，在 28 岁的时候，需要重新回到幼儿园里，拜四岁的糖糖为一生的老师。

慢慢走，慢慢品

很久以前看过一则关于泡面的广告，周末回家探亲的儿子，看到腰酸背痛的母亲，悄无声息地溜进厨房，不过是片刻，便端出一碗面来，热气腾腾地放在母亲面前。在年迈母亲欣慰的笑容里，画外音响起：某某方便面，儿子献给母亲最温情的呵护。广告意境营造得极其温暖动人，我想如果将那碗泡面换成是手擀面，广告必将感动全天下的母亲。可惜这则广告的制作人，像一个刚刚开始学习作文的孩子，犯下生搬硬套的错误，将本应温馨的一个小品，拍到反而让人觉得心酸：把儿女辛苦抚养成人的母亲，在老到孤单的时候，享受到的天伦之乐，竟是一碗泡面。即便是做泡面的人，也应该知道的常识是，在这个快餐时代，泡面代表的，其实是一种无法注解的孤单，一种用勾魂摄魄的香味假意迷惑住你的寂寞。就像泡面的广告铺天盖地席而来的时候，我们无力逃脱的忧伤。

《新结婚时代》里那个叫简佳的女子，每每一个人回到租住的小屋，或者恰逢家家团圆的节日，手不自觉地，就会伸向一碗泡面，表情是孤寂落寞的，似乎吃饭不过是一种可有可无的程序。而当爱情来临，她是宁肯兴致勃勃地弃掉泡面，买来一大堆菜，亲手做给他吃的。所以在这里，泡面并不只是一个道具，它呈现的更多的是一种疏离，一丝犹疑，一抹苍凉。泡面归根结底，是属于单身时代的。没有人愿意回到家，从冰箱里打开泡面来吃，尽管它能迅速充饥，但饱腹过后，却是愈加无法摆脱的空洞与苍茫。

我记得读书的时候，最常吃的就是泡面。每个人的手头都会囤积几袋，以供学习过度用功错过食堂饭菜，晚自习后回来加餐。常常是一个人泡好了面，全宿舍的人都眼巴巴地瞅着，只等那饭盒打开，诱人的香味扑鼻而来，几个人哗一下聚拢过来，你一口我一口地争抢着去吃。那时的泡面，不是属于一个人的，因了这份友情，那份凄寒自动地退却。我还记得，那时J下了课，跑来找我，在楼下的小花园里，仰头冲我们宿舍呼唤我的名字。我每次都会习惯性地走到阳台上，看他的手势，如果他将右手放到肚皮上，又做出一副垂涎欲滴的表情来，我便会迅速地退回，将一袋泡面冲好，再放上一袋咸菜或者一根火腿，而后打扮好了，这才端起饭盒走下楼去。那时的自己，感觉像一个主妇，煮了饭给心爱的人吃，尽管只是不需动用任何锅灶的泡面，但那种感觉，却因了楼下等待加餐的人，而油然添了脉脉温情，甚至，头抵着头，在鼻翼津津的汗珠里，酣畅淋漓地吃出家常面的味道。就像那碗里撒下的不是千篇一律的调料，而是香菜、肉丁、姜末，还有母亲亲手腌泡的小黄瓜。

贫贱的夫妻，若是有爱，哪怕吃的是馒头，啃的是咸菜，心里也是香甜的。这话果真如此。那样清贫的学生时代，不过是一袋泡面，便吃出了结结实实的幸福感，而至今日，即便是山珍海味，昔日的迫切与深情，也难以再来。由此看来，泡面折射出的，不只是它本身被机械复制的无助与凄惶，更多的是食者心境的坦然与自由。回身再想，广告中的那个母亲，或许开心的，并不是泡面的美味，而是儿子的这份心意，尽管他端来的只是一碗最简单的泡面。

许多人的盛宴，未必会有心灵的碰撞，但一个人的泡面时光，却永远都是寡淡的。那种索然，像一个小兽的牙齿，一下下地噬咬着你，直到你的心在周围的喧嚣里，一滴滴地，流下血来。

如若一个人，忙到天天要吃泡面维持肠胃，不管他承不承认，我想他的孤单都已经蚀骨。他已经将生之为人的一个很大的乐趣——品尝美食，给忘记了。泡面，是永远都不需要品的。世间但凡用来品的，皆是有滋有味、有声有色之事，一旦只顾了埋头赶路，将吃饭、穿衣、化妆全当作人生可有可无的装饰，那么，那草尖的露珠、墙角的花儿、山坡的薄阳、田间的积雪，则皆无存在的意义了。

自然的一切风光，于此人，也只是留不下任何印痕的过眼烟云罢了。

所以即便是泡面涨价的今日，口袋空空的我，也从没有想过挤进抢购的人群，占点小小的便宜。世间自有许多的事情，等我慢慢去品，何必要凑这种热闹？泡面，且让它在货架上冷清地待着吧。

最美的时光

常常怀念那些被浪费掉的时光，它们像一粒粒闪光的糖果，在我人生的途中，以最甜美的滋味，诱惑着忙碌到灵魂不得宁静的我，一次次溯游而上，回到那些曾经被父母老师责骂的岸边，小坐，或者流连。

年少的时候，会逃掉老师的课，与几个伙伴，跑到学校旁边的果园中去，偷偷采摘已经开始有了成熟芳香的苹果。常常是看守园林的中年男人，在一头追赶做托儿的伙伴，而我则在另一头，将一个又一个红硕的苹果，贪婪地塞入鼓鼓的书包里。及至觉得可以大快朵颐的时候，才在看林人发觉上了当的叫骂声中，嘻嘻笑着遥遥丢他一个得意鬼脸，去跟伙伴们会合。很多时候，那些大而红的苹果，会将课本压得起了褶皱，或者留下难看的印痕，也会因为贪吃，而回家拉了肚子，被大人们责骂，甚至连第二天的考试都给忘记，及至到了教室，才发现书包里的文具，全部丢在了那片向阳的山坡上。

可是却在梦里，念念不忘山坡上那温暖洒下的阳光，鸟儿在头顶悠闲飞过，叫声惊动安静午休的草茎，桐树阔大的叶子铺展开来，犹如一把巨大的伞，给我们半睡半醒的梦，遮挡过往的风尘。那样的时光，甜蜜，无忧，寂静，明亮，是夹在书本里透明的糖纸，或者在地上快乐跳跃的弹珠，阳光温柔抚过，可以听见琴弦拨动的叮咚声响。

我还会想起生病在床的那些时日。是因为工作的时候，疲于奔命，身体起了病变，罢工不行，只好入院修养。值班的护士有弯月一样含笑的眉眼，会在唤我吃药打针的时候，哄小孩子一样地说一声：乖，听话。我总是会在这句话后，将自己变成一只温顺的小猫小狗，任她给我注射针剂或者冲一杯杯苦涩的中药。我迷恋她手腕里叮当作响的藏式银镯，是山泉水清脆流过的声响。我喜欢看她穿梭在各个病床前，柔声细语地提醒病人平日的注意事项。我还会看到她洁白的护士服里，流溢出的一抹淡粉，或者浅蓝，那是她想要展露却又无法展露的可爱的棉布小衫。

更多的时候，病房里安静到可以听得到每个人的呼吸，甚至是心跳。我听见风从春天的树梢上吹过，它还掀起了某个小孩子的衣角。有不知疲倦的清洁工人，在扫着庭院里的尘灰，扫帚划过路面时，发出有节奏的唰唰的声响，这样的声音，因为病房的寂静而愈加清晰，闭上眼睛，便犹如儿时早起的父母打扫积了一夜的雪花，或者落叶。

知道疾病不会快快退去，便索性将工作忘在脑后。平素里买来没有时间翻看的书，那时便成了最奢侈的享受，每一页文字，都不舍得读完，似乎翻过去，这样散漫幸福的时光，也会跟着成为过去。假若在工作之中，突然因为别的事情，要占去宝贵的时间，那么，或许会因为这样的浪费而觉得心疼。可是任性霸道的疾病，却让我在无能为力之时，用自己轻易不会舍得“浪费”的闲散光阴，将我一路疾奔的灵魂重新安放在从容向前延伸的轨道上。

生命中有多少光阴，值得这样放纵浪费掉呢？一路走着，每一条格言都会告诫我们，要惜时如金，要珍爱春光。可是，当你行至那终途回首观望的时候，才会明白，真正对时光的善待，很多时候原是孩童一样肆无忌惮的浪费。那些读书时迷离恍惚的瞬间，那些在清晨的床上眷恋不起的慵懒，那些无人能懂的发呆，那些将毛线织了又拆的时光消磨，那些在午夜的电影院里，看荧幕上爱情妖娆绽放的寂寞，那些东游西逛、不务正业的年少时光，正是它们，一点点地串联起我们庸常的人生，并给予这一程生命闪亮的光华。

第六辑

只为这一程璀璨的光阴

那段意气风发、奋力拼搏的岁月，
不管最终的结局，是美好还是黯然，
都将在我们人生的长河中，
成为一程最璀璨的光阴，
并在我们回望的那一刻，珍贝一样，
熠熠闪光，将所有晦暗的时光，
瞬间照亮。

年少的蜗牛没有壳

那时我是一个瘦瘦的女孩，又不美，站在人群里，常被人忽略。体育老师排队，下意识地便让我出列，等他先将那些体形匀称、面容柔美的女孩子排完了，才发愁地看我一眼，说："把你排到哪里才合适呢？"我总是在他的这句话里，将头愈发地低下去。

后来在下雨天，看到那些缩在壳中的蜗牛，突然就很羡慕它们，想着那时的自己，如果有一个温暖坚实的壳，可以在受到伤害的时候躲入其中，做一个小梦，或者聆听一阵淅淅沥沥的雨声，该有多好。可惜，除了曝晒在众人的视线下，焦灼，惶恐，惊惧，无助，我再也找不到可以安放的表情。

那时班里有一个叫乔的男生，坐在我的后面，因为父母离异，个性孤僻，不喜与人交往，在人群里，亦属于沉默寡言、孤单无援的一个。只是，他的成绩始终远远地走在我的前面，因此他的表情里便多了一份孤傲与冷漠。有人与他说话，他的视线总是瞥向别处去，就像那个说话的人不过是一缕无形的风、

我也是偶尔才会与他说话。不过是交作业的时候，让他帮忙传过去。或者打球，不小心踢到他的脚下，跑过去捡的时候，他淡淡地回踢过来，我拘谨地笑笑，向他道声谢谢。有时候课堂上分组讨论，我回身过去，看到他依然在俯身疾书，不理会老师的要求，便觉得孤单。想要回转身的时候，他突然将我叫住，说一声"开始吧"，便将自己写在纸上的观点递交给我。这样的交往不多，却还是像那夏日树下的一小片绿荫，将惶惑不安的我遮住，并徐徐地给我脉脉的清凉。

我一直以为乔和其他的同学一样，对长在角落里的我漫不经心，想不起来我还是一株会绽放的花。我也一直认定，我们两个人的行走，是数学上的抛物线，看似从同一个寂寞的原点出发，却会离得愈来愈远，再无相遇的可能。乔注定是要读大学的，他的寡淡，甚至可以被女孩子看作是一种鲜明的个性。而我的未来如此渺茫无依，我要到哪里才能寻到一片可以让我纵情绚烂的泥土？

我依然清晰地记得那次数学课，习惯了将我跳过的老师，不知是为了调节课堂的气氛，还是一时兴起，突然将我叫起回答问题。不过是一个很简单的习题，答案就在某个地方，若有若无地注视着我，偏偏我如此紧张，大脑一片空白，任自己如何努力，也始终无法触及咫尺之外的答案。

午后沉闷的教室，因为满脸通红、手足无措的我，瞬间有了生气。有人在窃窃私语，说，这样笨，不如退学算了；有人好奇地回头，目不转睛地盯着我，就像用一把刀子，一下一下地在我的脸上划下更难堪的疤痕。而那个向来不正眼看我的老师，嘲讽地瞥我一眼，说：“还能不能想起来，要不要你后位的乔，轻而易举地来帮你找到这个答案？”

我的眼泪，就在那一刻哗一下涌出来。我想那时的自己，一定是一只被人残忍地割掉硬壳的蜗牛，明明知道那壳就在身边，却再也无法缩回其中。而乔就在这时站起来，用一种从来没有过的响亮的声音，回答台上的老师：“对不起，我也不会这个问题。”老师的脸当即变了颜色，可他还是强压着怒火，启发着乔，一直启发到答案马上就脱口而出了，可乔还是固执地保持着沉默。

那节课，乔陪我站到最后。铃声响起的时候，老师愤然扔掉粉笔，摔门而去。我回头，歉疚地看乔一眼，却碰到他温暖的视线，柔软地流溢过来。我的眼泪忍不住又落下来。

那以后的一年中，我与乔依然言语不多。我常常将不会的问题写在纸上，悄无声息地递给乔。他的回答总是如此详尽，晓畅，我的视线一行行地看下去，宛若一只飞燕，穿过蒙蒙的细雨，那样喜悦，让我想要大声地歌唱。我在人群里，终于不再感觉到孤单，我不用回头也知道，乔就在某一个地方陪我站着，驱赶那些飞虫、寒气、热浪，或者鄙薄与不屑。

而乔的视线，亦不再冷漠。他甚至学会了微笑，对那些看过来的陌生路人。他还在给我解答习题的纸上，画一个微笑的小人儿，没有注释，但我看得明白，他在用这样的方式，表达对这份情谊的感激。

两个少年的孤单，就这样，因为一次彼此深深懂得的外人的伤害，而融合在一起，生出一朵粲然的花朵。它站立在万花丛中，从容，自如，敏感，又骄傲不羁。没有谁，能够阻挡这样恣意倾情地绽放；亦没有谁能够理解，两颗曾经怯懦的心，历经了怎样风雨的冲击，才有了今日这般缤纷的颜色。

而成长中的那些惧怕、忧伤与落寞，就这样，在这段彼此鼓励的并行时光里，轻烟一样散去。

只为这一程璀璨的光阴

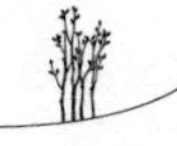

亲爱的弟弟，不知我走的时候，放在床头的那封信，你究竟是漫不经心地看过便丢在一旁，还是在一丝丝愧疚的牵绊下，拿起床头的书，认真地读上几页？我已经远在北京，看不见此刻的你，是否又回到昔日散漫不羁的生活，怀着那么一点点的侥幸，继续在高考前的时间里清闲游走？

或许你会认为，我熬夜写出的五千字的信，于你，不过是一堆于事无补的说教，你有你混日子的理由。你会像讲给没有文化的父母那样，讲给我这个硕士毕业的姐姐，说你们学校不过是所不入流的高中，有最纨绔的子弟，几乎每天都有人打架，甚至连你这样中规中矩的学生，毫无理由地就会被校园里的痞子们截住，挨一通嘲弄。或许你也会让我上网查询去年你们学校的高考升学率，百分之九十的学生都是通过艺考走进了大学，而我当初阻止了你读艺术，也就阻止了你通往大学的路，因为，基本上除去艺考生，只有十个左右的学生能够考上大学，而排在二十名之后的你，当然是希望渺茫。况且，你们学校的传统是，在高考来临之前，便将考学无望的学生，像残次品一样全部处理掉，要么去学技术，要么去进工厂，要么自寻出路。

在这样差的高中里，你除了一天天地熬下去，熬到高考后，那一张薄薄的毕业证发下来，还能去做什么？

更让你理直气壮地将学业荒废掉的，是而今实行的素质教育，你们终于可以不用补课，不用上晚自习，不用在漆黑的夜晚飞快朝家中赶，遇上雨雪天气，还要溅一身晦气的泥浆。而今，你们只需在夕阳下背起书包，说说笑笑地走回家去，书包很轻，有同学间彼此交流的时尚玩意儿，也有给女孩子写了一半的情书，但唯独没有老师留的累赘的作业。这样一身轻松地回到家中，若饭还没有做好，恰好可以打开电视，看一段娱乐新闻，或者赏半集电视剧，再或，偷偷溜出去，在网吧里跟新交的网友说几句话。这样的夜晚，再不像往昔那样度日如年，一本杂志，两本小说，三四句闲话，五六个哈欠，便轻而易举地打发掉了。没有老师的监督，你完全是一只自由的鱼儿，可以放任自己在大把的时间里幸福地遨游。

可是，亲爱的弟弟，这样的幸福，于高二已经快要结束的你，究竟还能有多少？你所谓的理由，不过是为你想要逃避这一段艰苦学习的岁月，所做的最拙劣的注脚。而我想要说的是，即便你们学校差到只有一个人能够考上，你也有为之奋斗最后一年的理由。再好的学校，也有神色黯然的落榜生，再差的学校，也有站在领奖台上的成功者，而你，又为何过早地将自己打入毫无希望的深渊？我并不是认定，高考是你唯一的出路，可是，假若一个人连青春里这第一场战争都不愿意迎接，那么，你所谓的毕业后去独闯天下，岂不是一句可笑的空谈？我所要求的，不是你能考上哪一所大学，我只是希望，在你十八岁之前，能有那么一段意气风发、勇于拼搏的岁月，而这一段时光，不管结局是美好还是黯淡，在你人生的长河里，都必定会熠熠生辉。没有人能够否认，这段埋头苦读的青春在回望的时候，会绽放出最粲然的花朵。

请你尝试着一点点地改变。哪怕，只是在放学的路上，边欣赏两边的风景，边记下卡片上的几个单词；哪怕，你将电视自觉地换到英语学习的频道；哪怕，你克服掉自己心中的障碍，开口向比你成绩好的同学求教；哪怕，你能把起床后洗漱的时间，节约上短短的五分钟，而后将这些零敲碎打的时日，换成朗诵一篇散文，读解一道习题，探究一种生物，或者，只是给父母说一句安慰的话。

是的，因为你一直以来的不上进，父母几乎对你完全失望，他们不知道如此游荡到毕业的你，究竟能够有怎样的未来。当我因为对你荒废光阴的气愤，而在母亲面前脱口而出，不要指望我能够为你提供怎样的便利时，她竟是背过脸去，哭了。父母一直都希望，走出小镇的我，能够在打拼出属于自己的一片天空的时候，亦能顺便为你遮一小片绿荫。我无法说服他们，无论我飞得多高，都始终无法代你走一生的路途。但我依然要在这里，无情地提醒于你，此生，我是你的姐姐，但你永远都不要奢望，走出去的我会像父母一样，为你20岁以后的人生奔前走后，力尽筋疲。我只会站在最关键的十字路口处，为你指明那最通达的一条，就像此刻，我尽着一个姐姐所应该尽的职责，写这封信给你。

亲爱的弟弟，其实，你和我是一样的孩子，曾经在父母的唠叨里，有想要离家出走的冲动；也曾经为买不起一件衣服，而羞于在体育课上张扬；又曾经在十八岁的路口上，犹豫且失落。但不同的是，我的每一步都走得结实且稳健，我知道自己唯有走出小镇，才能得到想要的未来，我知道大学能够提供给我更明亮的一扇窗户，从这里，我可以看得更远，亦可以飞得更高。

而你，亲爱的弟弟，能否像曾经的我一样，背负起行囊，执着地向前，只为这一程璀璨的光阴？

喝茶的旧日好时光

有一次逛店，看到一种饮茶的杯子，内里放了一种新式的器具。此器具状如旧时舀油的勺子，不过在勺子上加了一个盖，转开盖子，可以将茶叶舀入其中，合上之后，放入杯中，则茶叶不会上浮下沉，杯中的水，犹如一瓶有了金黄茶色的饮料，你只需放心地喝，丝毫不必担心茶叶梗或者叶子会像往常那样喝到口中。当然，更不必有昔日的烦恼，需要在飘着的一圈茶叶里左转右转，才能在杯口寻到一小片空地，吸溜着将芳香的一口茶喝下去。茶叶在暗箱里，不管怎样地发酵，膨胀，舒展，都无法逃出来，阻塞你的嘴。你可以专心致志地看一份报纸，赏一部精彩到不容你分心的电影，或者享受与人辩论的乐趣，且顺手拿起一旁的茶杯，像澄澈的饮料一样，一口喝上半杯。齿间留香，但再也没有这芳香的源头，来扰你心神。

店里的小姐极力推荐，说上班族用这样的杯子很方便，既无需清理残余的茶叶，也无须费神口中的茶梗吐到何处去，连杯子清洗起来都不费时呢。我被说得动了心，兴冲冲买了一个回去。而后开始将喜欢的茉莉茶叶小心翼翼地装入暗箱，再放入杯中，便开始冲入烧开的沸水。我习惯性地在看了一页文字之后，将第一遍水冲掉，可是，我很快意识到，对于这样特殊的杯子，第一遍似乎不再多余，既然茶叶不再四散，那么，其上附着的尘灰，也自是在暗箱里逃逸不出的。我悻悻然地再次冲入沸水，而后便抱着靠枕倚在沙发上，悠闲地看起书来。

翻了几页之后，我放下书本，捧起杯子，打开盖，下意识地闭上眼睛，深吸一口气，我喜欢的茉莉花香，徐徐飘溢过来，先自浸润了肺腑。但不知为何，那香气，似乎有些淡了，好像什么东西给堵住了，飘散不出，只青烟一样，象征性地掠过鼻尖，便兀自散开了。睁开眼睛，吁吁地吹了片刻才想起，杯中并没有茶叶，更没有绽放开来的茉莉，我只需要喝白水一样大口吞下去，就可以了。唯一有区别的，就是白水里加了浅绿色，又附了让你找不到源泉的花香。一种新式的饮料，因了这一小小的暗箱，豁然开启。

可是，当我喝完一杯又一杯的茶，当我翻完一本书最精彩的部分，当我伸伸懒腰，看着秋日投射进来的温暖的阳光，回味每一个细节时，我突然发觉，这个恬淡的午后似乎缺少了一种东西，从而让寂静流淌的时光时断时续，再没有昔日的流畅。但究竟是什么，我却说不清楚。

懒懒地起身去倒茶叶的时候，打开暗箱，看见蜷缩其中的茶叶、茉莉、叶梗，它们在小小的角落里挤抱成一团，再没有了昔日尽力铺陈开来的飘逸姿态。而那朵白色的茉莉花，甚至没有来得及绽放，便被死寂地团团包裹住了。我所看到的，不再是恣意的花朵与叶子，不再是生命的花团锦簇，而是暗黑的没有飞翔便被废弃的一撮。它们在暗箱里，没有将生命展示给品茶的人，就萎缩掉了。

我突然有些感伤，为伴我读书的茉莉，为没有空间重生的茶叶，亦为这一段了无灵性的午后时光。

我依然记得那些品茶的日子，与自己的家人或者朋友一起，将上好的茶拿出来，一个杯子一个杯子地逐一放入，再冲入炉上沸腾的热水，而后便在天南地北地闲聊中，等待茶叶铺展开，花儿怒放。有时候我们会在茶中放入玫瑰，或者菊花，它们与茶叶纠缠着在杯中升起，宛如一场热烈的爱恋徐徐地开启。我与家人喜欢数各自杯中的叶梗，而且固执地认定，当杯中有竖起的叶梗时，近日必会有亲戚来家做客。我们还会比试谁杯中的花儿更加妖娆，或者谁的杯中有完好无损形如小船的一片茶叶，能给自己载来好运。我们还会在周末兴致勃勃地去到朋友家中，借他的器具，喝程序烦琐的工夫茶。茶杯、茶壶都是用沉郁的紫砂做成，握住的时候，有泥土般滋实的质感。主人有无限的耐性，将一壶茶由茶壶倒入茶碗，再由茶碗倒入小小的茶瓯，围坐一旁的客人，则用拇指与食指拈起其中的一个，浸入干渴的心田。

我始终怀念这样悠闲度过的一段段时光，它们带着茶香，携着盛开的花朵，悠然穿越我们被工作、物欲堵塞了的时日。

品茶，是一件最急不得的事情，只有一点点慢下来，我们想要的安然、静寂、恬淡与美好，才会如那杯中的茶叶，带着欣悦舒展开来；或者，像那白色的花朵，悄无声息地，便将重重的花瓣绽放开来。

人生很多时候，是需要我们这样慢下脚步的。固然你可以选择缤纷的饮料，畅饮而下，可是更能润泽心灵的，却是那天街上细细飘洒的小雨。它们或许要很长的时间，可是，当雨停住，却浇灌出一片最适宜生长的沃土。

我愿意在忙碌与喧嚣中，弃掉饮料，泡一壶工夫茶，慢慢地品，一直品到，黄昏来敲我的门窗……

清炒人生

婵是我曾经认识的一个女子，那时，我把她当成人生的偶像，崇拜且奋力地追赶着。我甚至想，像婵这样优越的女子，人生中当是没有任何的遗憾和缺陷了吧？因为,还有谁能够有婵这样的聪慧？她的正职是一所艺术学院的油画老师，但她的光环更多地来自工作以外。她有自己的工作室，又开有一家小却生意兴隆的公司，每年还会在全国各地举办一次大型的画展，算得上画界的佼佼者。她的丈夫是正在国外读生物学的博士，回来即是炙手可热的人才。他们的儿子在这个城市最好的学校读书，继承了父母的才思，成绩几乎都是优等。而那时的婵，不过是一个 34 岁的女子，上天却将所有的幸福都给了她，甚至让外人连嫉妒的勇气也没有。

这之后的一年，我都生活在一种向婵看齐的焦虑和失衡中。我像一头恶狠狠急吼吼的小兽，左冲右突，在通往美好生活的路途中，对每一朵有可能采摘到的花儿，都要跑过去啃啮一番。但走了不过半程，便精疲力竭，回头只看见一路混乱的印痕。我想要追求的东西，在这样焦躁的狂奔里，反而被我一一落下。而婵精致绚丽的生活方式，依然离我那么远。

然后有一天，朋友告诉我，婵得了癌症，离开了人世。而自始至终，她的丈夫都没有回来看望过她，只因为他已经留在了国外，且有了新的爱人。而离开她的原因，不过是他厌倦了婵如此追求完美、向往高品位的生活态度，他不想在她繁复的一个又一个的目标里，连那点享受安闲的自由也给丢掉。

我是花费了很长的时间，才从婵的影子中走出来。我一直无法释怀，婵耀眼光环的背后，怎么会有这样残酷的一个黑洞，将她一点一点地吸纳进去？是不是所有优秀的女子，背后都有一份难言的痛？就像婵，她用自己卖画的钱，买了两套豪华的居室，可是最终还是失去了温暖的家，甚至因为长期的劳累，连后半生的自己也给消耗掉了。她所得到的一切与付出相比，原是如此渺小。

我就是从这时开始放慢生活的脚步，学会享受每日的安闲。我甚至辞掉了那份一直厌倦的高薪工作，在家做了几个月的家庭“煮”妇。每天写完几千字的文章后，我便去菜市场，选择那些鲜嫩碧绿的蔬菜回家来炒，等康下班回来一起吃。我最喜欢的，是将饱满水嫩的蔬菜，择洗干净了，细细地切好，放入简单的葱花调料，快速地翻炒至八分熟，而后熄火，盛入开满小花的青瓷盘中。没有味道浓重色泽郁暗的甜酱，也没有各式的烧酒、茴香等复杂的调料，只有油盐和少量的味精，但炒出来的菜却颜色清亮，味道淡爽。绿色植物特有的浅淡芳香，恰到好处地通过味蕾，传递到习惯了浓重荤菜的胃中。饭后的感觉，不再是胃壁鼓胀、神情困倦，而是由内自外地神清气爽，感觉整个的肠胃犹如被泉水涤荡过，清洁无比。

周末的时候，我与康也会到精致的饭馆里改善生活；但大部分的时间，我们还是喜欢自己做了来吃，四季的蔬菜每日翻新，依然是清炒，但味蕾却始终依恋那葱郁的绿色。

这样简洁的生活方式，看似单调，像那锅中的青菜，但却将自身的自然色泽和味道凸显出来。也曾尝试过像书上写的那样，将一个菜做成艺术。但不久便觉得烦厌，依然喜欢简单的清炒方式。有朋友便笑说：“生活本身已经寡淡，何必这样委屈自己？”但我依然执着地坚持清炒，而且认定这样的生活，才是我一直以来，想要追求的淡定人生。

记得一次逛街，在一家时装店的收银处，看到一个女孩，正在随了店里的狂放音乐，在小小的柜台前旁若无人地扭动着身体。彼时正是一天里最疲惫的时刻，其他店员皆已神情倦怠，心不在焉，唯独这个女孩，依然尽情享受着工作中这一点乐趣，且用最简单的舞姿来表达着内心的热爱和喜乐。而我在另一家美发店，却看见一个同样面容新鲜的女孩，在为我理发的过程中，至始至终都紧锁着眉头，似乎在工作中度过的一分一秒都是不快乐，且被人强迫着的。这样做的结果，是她做坏了我的头发，换来老板的一顿狠批，脸上愈发没了笑容。

我顶着一头被弄乱了的头发，走在行人渐稀的街道上，心情却是出奇的好。我终于明白我想要的，不过是远离复杂调料的“清炒人生”，不过是在纷繁多姿的生活里，能够有勇气自己跳出来，走一条远离喧嚣的安静小路。而这，绝不是因为无法拥有婵一样美艳的生活，而消极地退缩，相反，它更需要一种在穿越浓烈人生后，轻松放下的勇敢和淡泊。

人生，不过是一盘即将下锅的花菜，或是西芹，所以，我更愿意享受它原汁原味的清香，而不是将诸多复杂的东西倒入，将那青菜鲜亮的色泽一一掩去。

原谅少年卑微的乞求

我从来不曾向人乞求过什么东西，金钱、物质、爱情、同情，或者怜悯。强烈的自尊心，让我一路走来始终骄傲地高昂着头，并将一颗柔韧敏感的心，用坚硬的外壳层层包裹起来。就像缓慢爬行的蜗牛，在日光下，将身体藏进安全的壳中。

可是，我却用过整整一年的时间恳求一个女孩，给我一段携手向前的温暖的友情。

彼时我读高一，是被舅舅费了很大的努力，才从一所普通中学转到重点高中里来。记得我进来的时候，正是课间，老师在混乱嘈杂中简单地介绍几句，便让我坐到事先排好的位置上去。没有人因为我的到来而停止歌唱，或者喧哗。就像一粒微尘，在阳光里一闪，倏忽便不见了踪影。我在这样的忽视中，坐在一个胖胖的女生旁边。她只是将放在我位置上的书，哗一下揽到自己的身边，便又扭头与人谈论明星八卦。

我突然有些惶恐，像是一只小兽落入陷阱，却怎么也盼不来那个将要拯救自己的人。而蓝，就是在这时回头，将一块干净的抹布放在我的桌上，又微微笑道："许久没有人坐，都是灰尘，擦一擦，再放书包吧。"我欣喜地抬头，看见笑容纯美恬静的蓝，正歪头俏皮地注视着我。我在她热情的微笑里，竟有一丝的羞涩，好像遇到一个喜欢着的男孩，初恋般的情愫，丝丝缕缕地从心底弥漫升腾起来。

我在第二天做早操的时候，偷偷地将一块舅舅从国外带来的奶糖放到蓝的手中。蓝诧异地看我一眼，又看看奶糖，笑着剥开来，并随手将漂亮的糖纸丢在地上。我是在蓝走远了才弯身，将糖纸捡起来，细心地抚平了，并放入兜里。

蓝是个活泼外向的女孩，她的身边总是有许多的朋友，其中一些来自外班，甚至外校。他们在放学后聚在教室门口等她。她的朋友中还有不少的男生，他们在一起，像一个快乐的乐队，或者青春组合，那种浓郁动感的节奏，是我这样素朴平淡的女孩，永远都无法介入的。

可是，明明知道无法浸入，想要一份友情的欲望，还是强烈地推动着我，犹如想要靠近蓝天的蜗牛，一点点地向耀眼明亮的蓝爬去。

我将所有珍藏的宝贝都送给蓝：邮票，书，信纸，发夹，丝线，纽扣……我成绩平平，不能给蓝学习上的帮助；我长相不美，无法吸引住蓝身边的某个男孩，从而靠近于她；我歌声也不悠扬，不能给作为文娱委员的蓝增添丝毫的光彩；我还笨嘴拙舌，与蓝在一起，会让她觉得索然无味。我什么都不能给蓝，除了那些不会说话且让蓝觉得并不讨厌的宝贝。

起初，蓝都会笑着接过，并说声谢谢。她总是随意地将它们放在桌面上，或者顺手夹入某本书里。她甚至将一个可爱的泥人压在一摞书下。她不知道那个泥人，是生日时爸爸从天津给我专程买来的，它在我的书桌上，陪我度过每一个孤单的夜晚。它在我的手中半年了，依然鲜亮如初，衣服上每一个褶皱都清晰可见。可是，我却在送给蓝之后的第二天，发现它已经脱落了一块颜色。我记得当时我的心，像被人用针扎了一下，疼痛倏然蔓延全身。我小心翼翼地提醒蓝，说：“这个泥人是不经碰的。”蓝恍然大悟般，这才将倒下的泥人扶正了，又回头开玩笑道：“嘿，没关系，泥人没有心，不知道疼呢。”

这个玩笑，让我感伤了许久。就像那个泥人是我自己，满心欢喜地站在蓝的书桌上，等着她爱抚地注视我一眼，可是，蓝却漫不经心地，像扫掉尘土一样，将我碰倒在冰冷的桌面上，且长久地忘记了我的存在，任由尘灰落满我鲜亮的衣服。

从不奢望可以像其他女孩子一样，在蓝的身边轻松地来去。我只期望自己十分的努力，可以换来蓝至少一分的友情。可是蓝却像片云朵，被那缥缈无形的风吹着，如果路过我的身边，那不过是因为偶然。

我依然记得那个春天的午后，我将辛苦淘来的一个漂亮的笔筒送给蓝。蓝正与她的几个朋友说着话，看我递过来的笔筒，连谢谢都没有说，便高高举起来，朝她的朋友们喊：“谁帮我下课去买巧克力吃，我便将这个笔筒送给谁！”几个女孩纷纷举起手，去抢那个笔筒。我站在蓝的身后，突然间难过，而后勇敢地，无声无息地，将那个笔筒一把夺过来。转身离开前，我只说了一句话：“抱歉，蓝，这个笔筒，我不是送给你的。”

我终于将对蓝的那份友情自尊地收回，安放在心灵的一角，且再不肯给任何一个淡漠它的人。

许多年后，我在人生的途中，终于可以一个人走得从容，勇敢，无畏，且不再乞求外人的拯救与安慰，这样的时候，我再想起蓝，方可真正地原谅。

我想原谅蓝，其实，也是原谅那个惶恐无助的年少的自己。

花儿来得及

那一年我 16 岁，为了一株月季，茶饭不思。

是初春一个微凉的午后，我排了长长的队伍，从老师的手中领养了它，并小心翼翼地将它植入教室门前的小花坛里。那时的我，因为卑微，无人关注，读书常常心不在焉。上课的时候，老师在前面讲优美的诗词，我却走神，想起黄昏里属于我的月季。春风悄无声息地漫进来，轻拂着我的短发，又随手翻乱了桌上的书本。我用力地想啊想，却还是不知道，究竟，那一株瘦弱的月季，何时才能听见我的祈祷，从细细的枝杈里发出绿色的小芽来。

没有人知道我的焦虑，事实上，我如那株枯萎的月季一样，被人忘记了。不管疼痛与喜悦，浓烈还是浅淡，都不会有人，去注意沿墙低头走路的我。我已经习惯了这样的忽略，假若偶尔有人大声地在班里提及我的名字，我反而像一只受了惊吓的小兽，有想要瞬间消失掉的恐慌。大部分的时光，我缩在教室最后一排靠窗的座位上，将老师们的声音当成背景，而后任由自己的思绪，在天空蓝色的幕布上自由地飞翔。这是我在别人的张扬里，最为安全的存在方式，一如那株在繁花似锦的春天里，从来没有蜂蝶流连过的月季。

那一小片花坛，植满了 30 株月季，尽管，我的那一株始终无声无息，没有任何舒枝展叶的痕迹。负责浇花的园丁说："这株月季定是枯了，否则，为何外面吵嚷一片，它却固执地缩在泥土里，不言不语？"但我还是百般地恳求那个好脾气的园丁，无论如何都不要忘了，施肥浇水的时候，多多眷顾这株孤独的月季。

这样的乞求，并没有奏效。园丁在一株株欣然吐叶的月季面前，每每还是将它忘记，或者，即便是视线飘过，也不作短暂的停留。这是一个花团锦簇的春天，空气里弥漫着湿漉漉的芳香，浓郁，热烈，常常就有女孩子的尖叫锐利地划破傍晚的寂静。她们彼此开心地叫嚷着，自己的月季又长出了一片叶子，抽出了一条新枝，那新鲜的小芽，竟犹如婴儿的双唇，是可爱柔软的红色呢！我蹲在花坛边上，看着那株干裂寂寞的月季，听着别的女孩子兴奋又夸张的叫声，还有操场上隐约传来的篮球撞击水泥地面的响声，终于将头深深地埋进臂弯里哭了。

春天不过是一个转身，便走掉了。校园的红砖路上，青草在一次次踩踏里，弯了又直，直了又弯，蔷薇越过墙壁开出袅娜的花朵，藤蔓缠绕着爬上高高的梧桐，初夏的风翻转着层层密实的枝叶，而我的月季在我日日的守候里，依然选择了沉默。

花坛里的月季，已经竞相地开放，最好的一株，长在靠近我那一棵的左侧，枝叶蓬生开来，将那一方小小的角落全都遮掩住了。园丁师傅许多次都以妨碍观瞻的理由，要拔掉我的月季，却每每都在我的苦苦哀求里住了手。他不明白，总是问我："丫头，这不过是一株发到你的手中，便已经奄奄一息的花而已，何必如此较真地守护着它？"而我，总是倔强冷硬地只有一句话："它不只是一株月季。"

是的，它不只是一株月季，它是16岁的我，所有的期待、梦想与童话。我固执地认定，假若它真的不会醒来，那么，我的青春也会如它一样，暮气沉沉，了无希望。

那个闪亮的童话，就在盛夏的一个清晨，苏醒过来。我守护了整整一个春天外加一个初夏的月季，终于从泥土中，生出一个卑微但却执着向上的新芽。那株枯萎的枝杈，依然安静地挺立着，等待那柔弱的生命，一天天向上，向上，直至最后，远远超越了它的高度……

我的月季，在温暖的泥土里，蛰伏了整个的春天，它错过了争奇斗艳的季节，却还是来得及，在阵阵蝉鸣的盛夏，一点点地靠近馥郁的花香。

16 岁的那年夏天，我的每一本书里都飘散着月季的芬芳。我将第一朵花凋零时的花瓣，全都细心地收藏进书本，它们的红色，深深浅浅地嵌入温情的文字中，每一次读，都能嗅得到它最初绽放时饱满恣意的芳香。

而这样的香气，从 16 岁时那个自卑的丫头，一直缭绕到而今自信从容的我，历久弥香，再也不能让我忘记。

青春需要怠慢

刚读高一的小弟，又瘦又高，学业的重压，却并没有因此让他的眼睛，像年少时的我一样，黯淡无神。他出生时的90年代，中国的一切都是新鲜和蓬勃的。而他，亦携带了这样无穷的精力和热情，斜眼淡扫着80后姐姐，在城市的打拼里，时而冷漠时而茫然的心。

我们在一块走路，他从来都是揽着我的肩，而且神情骄傲，微笑张扬。遇到他的同学，总是先把我隆重推出去，才提及他事。我觉得不适，说："你自己成绩不好，就拿读研的姐姐来做你附加的荣誉，难道你不觉得惭愧吗？况且，我所有的光环都是用拼搏换来的，你在凑近了借用的时候，就已在我的汗水里，照出了你的懒惰和自私。"小弟却是嘻嘻笑着凑过头来，说："可是姐姐，我只是想借一点温暖而已哦，别人辉煌，为什么我就不能开心，一定要像你说的那样在自卑里奋起呢？平凡没关系啊，只要我快乐，姐姐有了成就，为什么我不能比你还要快乐呢？"

小弟就是这样，成绩平平，长相一般，却不会像我，觉得卑微，且一定要为这份灰扑扑的生活加一个光明的注脚。他也有小小的烦恼和痛苦，但会转身即忘，从不对过往记仇。为了他有个好的学习环境，父母托人将他送入小城最好的高中，本以为他会为此感恩，自此奋发图强，给父母一个交代。却不想，他照例不给自己额外"加餐"，复习完功课即丢开辅导书，去附近的学校里和一帮低年级的小男生打球。偶尔上网，看见我在线，也不隐身，任我怎么穷尽言词，都照旧将一个游戏玩完，这才漫不经心地在我的大段说教里，道声再见，即关机走人。我常常痛心于他的放任，想起年少时的自己，为了父母的一声轻叹，都会自责上很长的时间，并在日记里一次次发誓，再不让他们为我烦恼。而小弟，不过是和我相差了十年，为什么对待别人的指点，却一个是自省，一个是轻慢？

我谈恋爱，已是有了一年，还不肯将自己困顿的家介绍给喜欢的另一半。而小弟，却从来不在生活优越的好友们面前，遮掩自己家庭的清贫。有时候还会带自己暗恋的女孩子，回家看他收藏的珍稀邮票，而后在窄小阴暗的楼道里，红着脸对女孩子说："如果有空，欢迎常来，而且下次来，妈妈有空了，会给你做她最拿手的手擀面呢！"这时的小弟，在隔音不好的楼梯口站着，听见隔壁小孩子的哭声，大人烦躁的摔打桌椅声，还有饭菜下锅的嗞啦声，却是只有幸福。一种凡俗又纯真的爱恋，在拥挤和嘈杂里，温柔潜入他的心灵。这样的爱，在我，当是只有尴尬和无助。我记得那时的自己，是从没有奢望过拥有一份纯美的初恋的，哪怕这份淡淡的爱恋，只与我一个人有关。

我记得有一次下雨，很大，我忧虑专修下水道的父亲会因此没有活计。淋成落汤鸡的小弟，却是一脸的兴奋，说："真好，下雨的时候，最容易下水道堵塞，这样老爸就会在天晴了，有更多的活做喽！"我看他脸上很真实的幸福和关切，知道他跟十年前那个处处遮掩时时小心的自己，是不一样的，生活给了他什么，他都觉得自然，且会从容地接受。而一路拼杀到城市的我，却只是用外在的荣光，凸现了更为鲜明的卑微和自怜。

90后的弟弟，他和我一样，面临俗世的冲击、纷乱，家庭的琐屑、吵嚷，还有同学的比拼、嫉妒。我将父辈的隐忍继承下来，加入孤单磨炼出的尖刻和冷漠，一路上左冲右突，终于在寄居的城市里，寻到一盏明亮耀眼的灯。而16岁的小弟出生时，是在城市的最底层，但却和那些在糖水里浸泡出的孩子一样，高傲不羁，亦可爱顽皮。生活给予他们的自信和明朗，他一样都不拒绝。他本应像我，需要历经一段长长的路，来克服贫穷附加给我们的胆怯和自卑，但他却是在我踩出的小道上打着呼哨，带着嬉笑，轻轻地闪躲开将我击中的种种碎屑与石块，而后继续得意前行。

这样的怠慢，生活却是微笑着，将一片澄澈温暖的青春，转手给他。

那些列队行过的伤害

大学毕业的时候去一家单位应聘，领导看看我的简历，不咸不淡地说一句“还挺优秀”，便将我的材料压在一大摞文件下。在这个城市无依无靠的我，那时一心一意地认定，只要我可以执着地表明我对这份工作的热情，让他们相信我完全能够胜任这份工作，那么，我便一定可以获得我想要的未来。

被这样的信念支持着，我带着十二分的小心和尊敬，再一次敲开了那位领导的门。领导看见我进来，将正端着的一杯茶啪地放在桌子上，不耐烦地道：“没看见我正忙着吗，来之前不打电话，有没有一点礼貌？赶紧出去！”我的脸“腾”地红了，站在门口，竟然不知道该如何进退。最后看那领导铁青的脸，为了找寻一碗粥喝，我强迫自己丢下颜面，轻轻道一句“抱歉”，掩上门，在走廊里等着他忙完再招我进去。

走廊里时不时地便有人经过，好奇地看我一眼。那时的我，在别人的注视下，感觉像是回到了很多年前，在小学里因为做错了事，或者背不出课文，而被老师罚站。正是初春，走廊的一扇窗户没有关严，风呼呼地灌进来，将我被一副遭人不屑的躯壳包裹着的心，冻到疼痛。

不断有人敲门进去，朝那个领导汇报工作。而他，一次次瞥见站在门口的我，却是假装什么都没有看到，照例不紧不慢地听取着工作总结，翻阅着公文，间歇也会开门走出去，到洗手间方便。可是即便擦着我的肩膀，他的视线也始终是傲慢的。我在他的眼中，不过是门口的一点垃圾，或者玻璃上的一抹灰尘，只要昂着头走，完全可以视而不见。

他终于在快要下班的时候，“看到”了我，说：“过几天再来看看消息吧，虽然你很优秀，但我们也要经过讨论才能最终决定。”说完他便将最后一口茶喝进口中，又吐出一片茶叶，就像将我被他贬损过的心吐掉一样，而我在他这样的轻慢里，终于明白，一份求来的前程，无论如何光鲜耀眼，都是不值得走下去的。

又想起读大学时一个曾经的朋友，彼时我与她情同姐妹，凡是在街上遇到喜欢的衣服或者首饰，我一定会买两份回去，双胞胎似的与她穿出去张扬。我为了她，甚至冷落掉了自己的爱情。

大三的时候，学院里要向学校推荐一个人，参加全省优秀学生干部的评选。我与她作为学院里的活跃分子，同时被老师们选中。但名额有限，只能选择其一。最后学院领导决定，通过学生公投的方式，由选票来决定最终人选。

那一段时间，她对我的态度突然变得很微妙。人前她依然与我嘻嘻哈哈，形影不离，似乎什么都没有发生过。她还开玩笑似的说，全校只有我才有资格参加这场全省的角逐，至于她自己，甘愿当一片安静的绿叶，陪衬在我这朵芬芳花儿的周围。我一度被她这样的话感动，想着即便最终选定的是她，我一定不会有丝毫的遗憾与嫉妒。

可是我并不知道，她转过身便背着我，开始悄无声息地在人群中拉起了选票，还用小小的手段“贿赂”老师，甚至不惜在学院领导们面前，说我在工作中种种的失误和缺陷。

如果仅仅这样也就罢了，让我没有想到的是，她竟然跑到我的面前，甜言蜜语地说，她决定不参加什么劳什子投票选举，让老师们直接将我的名字报上去，所以我也不用费力去在老师同学们面前刻意地表现什么。我几乎是感动得流出泪来，抱住她说，不用她让给我，只要她有这份情谊就够了，我要和她公平地竞争，如果哪个通过了，另一个必须请对方去吃哈根达斯。

这句话的温度，还没有在我心里完全地消失，结果便出来了，她的票数高居榜首，而我则被远远地甩在了后面。当天晚上，一个老师不无遗憾地说，其实论能力与人缘，我在她之上，不知为何我竟没有像她一样紧锣密鼓地在下面“活动”，你可知道，为了拉选票，她还请了老师们吃饭呢。

我记得自己的心，彼时犹如被一把刀子无情穿过，剧烈的疼痛几乎将我彻底击倒。这样的疼痛，一直到毕业来临，我们形同路人各奔东西的时候，也没有消散。

几年后在社会中摸爬滚打，再回头，看到那些外人给予的伤害，印刻在岁月磨砺过的肌肤上，竟是生出感激。记忆的手指轻轻抚过，有微微凸起的疤痕，却是再也没有了曾经钻心刺骨的疼痛。

我知道这时的自己已经足够成熟，可以从容地面对那些尘世中列队般行过的伤害。正是它们，让我的生命有了最柔韧动人的姿态。

淤泥里开出的花

还是个小孩子的时候，便习惯了家里被来找父母讨要公平的人挤得满满的，他们在窄窄的房子里大声地吵闹，怒骂，甚至有时候会与父母打起来。我在一旁边写作业边听着这样一场高潮迭起的闹剧，有时候会对着那些想要揍我父母一顿的人笑笑，他们也是对父母一贯的占人便宜的毛病没办法了吧，否则不会在临走时看见我殷勤地给他们开门，怜爱地冲我叹口气。而我，在他们瞬间柔和下来的眼神里，会觉得开心，好像那种被别的小孩子鄙视的痛苦，亦跟着消散了一样。

我的父母是习惯了骗人欺人的，他们做小本的生意，从来都缺斤少两，没有让顾客心满意足的时候。最起码的公平，在他们心里没有一点概念。他们在小城里，是被称为市侩的一类人，有便宜可占的事，他们从不会错过。就是每年的学费，他们也要跟老师讨价还价，让我在同学面前跟着他们受尽白眼。亲戚里面，没有不被他们伤过心的，过年串门的时候，有时候都会吵起架来。我几乎确信，每一次与人争吵，皆是父母的不对。他们那么自私，连我这个小孩子都能明辨是非的事，在他们口中，却偏偏要争出几分对他们有利的歪理来。我已经懒得劝他们了，他们脑子里与人斤斤计较凡事以我为重的思想，已经去也去不掉。我所能做的，唯有在他们一次次让我在人前觉得尴尬为难，甚至委屈受辱时，奋力地让自己从这种泥泞里跳出来，甩掉他们丢给我的麻烦和冷漠，朝着自己想要的有芳香的道路，拼命奔跑去。

但还是有跳不出来的时候。读大学以前，我永远是班里最后一个交学费的人，不管我用何种方式与父母要钱，他们都会一律冷冷地回答没钱。他们或许在吃穿上对自己苛刻，但供我读书的钱还是有的，他们只是觉得不舍，白白地把自己挣的钱交给别人，宁肯拖到最后，让钱在自己口袋里捂得烫手了，才一脸不悦地拿出来。我也永远都是那个朋友最少的学生，不管我怎样拼命地往周围的小圈圈里挤，都无济于事。他们总是很尖刻地当面指责我说："我们不想要骗子和小偷的女儿！"我想给他们解释，尽管我的父母是坑蒙拐骗的人，但恶习是不会遗传的，我和他们中的每一个女孩子一样，良善，上进，懂得给人关爱。这样的解释，奏效的时候并不是很多。大多数时候，我一个人孤零零地骑车上学，在路上看到我热情地打招呼，他们理也不理，嘻嘻哈哈地飞驰而过。我从没有对加入到那样一个朝气蓬勃的小团体里而失望过，我相信父母甩给我的东西，我会干干净净地甩开去，像骑车时将路上的积水欢快地溅出去很远一样。即便是父母犯了让整个小城人都不可原谅的错误，我也会微笑着面对别人的辱骂和孤立。

那是我最忧郁也最快乐的时光，我会因为在菜市场上看到父母被人揪住衣领还据"理"力争而觉得哭笑不得，亦会因为能始终笑着将那些来找父母"算账"的人一个个地打发走而感觉到开心，就像自己是个智勇多谋的英雄，可以保护总是惹是生非的父母不被人围追堵截一样。我记得偶尔会有男生在路上截住我，和我说一些让人莫名其妙的废话。他们磨蹭着不让我骑车回家，后来我知道他们是怕我的父母看见了，认为他们占了我的便宜，将他们臭骂一顿。他们倒是真的想要占点能与我同行的便宜。尽管他们没有写情书给我，只是喜欢与我天南地北地闲扯，但我却为此会兴奋上很长的时间，不是为女孩子都向往的爱情，而是因为这样地被人嘲弄，还能有人喜欢。那是一段像莲花一样向上努力生长的过程，周围皆是淤泥，可是当我被赋予了生命，我就不会辜负这一段生机的旅程，而且开出一尘不染的洁白花儿来给世人看。

我在读到高三的时候，已经有三四个可以心心相通的朋友。他们去我的家里做客，从不会因为父母的冷淡和自私而对我心生怨恨，他们知道我是与父母不一样的。甚至后来母亲因为偷了附近工厂的器具，被拘留了一个月，几乎成了小城人人皆知的新闻，但我的这些朋友，还是进门来礼貌地喊母亲“阿姨”，还是鼓励我报考最喜欢的英语。我的真诚和无忧感染了他们，亦让他们身边的人相信，我是一个多么可爱豁达又单纯善良的女孩子。

后来我读了大学，身边没有人再知道我人品糟糕的父母。但每有朋友要去家里做客，我还是会把父母的待人习惯和盘托出，我不是让他们惧怕，而只是想告诉他们，如果他们看到我父母的为人，请不要因此怀疑我对他们的诚意。我无法选择出身，但我可以选择我自己走路的方式。我在走出那个小城后，难过的时候最喜欢看一部叫《蝴蝶》的法国电影，影片里那个叫莉莎的八岁小女孩，她被单身母亲一次次忽略，却从没有哭闹过。她依然是一个快乐的小孩子，永远不去想悲伤，永远知道只有想办法，才能让大人明白自己，让陌生人喜欢上自己。片中主题曲的歌词，我几乎倒背如流。

“为什么漂亮的花会凋谢？”——因为那是游戏的一部分。

“为什么会有魔鬼又会有上帝？” ——是为了让好奇的人有话可说。

“为什么木头会在火里燃烧？”——是为了我们像毛毯一样的暖。

“为什么大海会有低潮？”——是为了让人们说“再来点”。

“为什么太阳会消失？”——为了地球另一边的装饰。

“为什么狼要吃小羊？”——因为他们也要吃东西。

“为什么是乌龟和兔子跑？”——因为光跑没什么用。

“为什么天使会有翅膀？”——为了让我们相信有圣诞老人。

这是一个孩子眼里的世界，一个在黯淡里依然知道要快乐成长的孩子的世界。而我整个的年少时光，即是这样走过，且在我融入这个社会的时候，开出让身边每一个曾经鄙视我的人，皆真诚惊叹的无瑕莲花来。

我们被优生淡忘，差生怀念

每年的寒暑假，家里几乎每天都有人来访。教了一辈子书的父亲，没有给自己带来多少物质享受，倒是精神上，因了这些千里迢迢赶来看他的学生，而始终舒畅开怀。我很佩服父亲有这么大的能力，可以教出如此多的优等生来，所以等到自己也成了一名老师，便发誓要像父亲一样，能让更多的好学生记住自己。

成绩好的学生，总是有一股子傲气在。但几乎所有的老师，都会原谅他们的这种骄傲。因为只有优生才能让做老师的感到光彩和荣耀，在与同事们无形比拼的时候，也会为如此优秀的学生觉得自豪且得意。况且，在教学成绩与奖金挂钩的今天，也只有优生，才能给清贫的老师最切实的安慰和利益。至于那些成绩不好，又爱给老师带来大大小小麻烦的差生，老师们当然是集体厌烦。不仅是反感，而且在他们偶尔问问题的时候，也会失了对待优生的耐心，皱着眉头三言两语地指导完毕后，便迅速离去。反正他们考学几乎是没有希望的，与其在他们身上浪费时间，还不如多给优生开开小灶，培养出个状元来得更有价值吧。

原以为这样的努力，真的会像父亲一样，让这些为之付出过如此多汗水的优生，深深地记住且怀念。不求他们会在教师节的时候看望自己，至少能让我在同事们面前觉得容颜有光的小卡片，应该记得寄上一张吧。可惜，这样小小的期盼，却几乎是奢侈。那些我倾注了无数辛劳的优生，在飞到各大名校之后，便似乎像淡忘这个小城一样，将我毫不留情地给扫出了记忆。

偶尔也会有人打电话来，很陌生的声音和名字，甚至他们一次次提起的我给过他们的关爱，都没了印象。有同事听到，便问，是个好苗子打来的吧？我却含含糊糊地拿话岔开去，如果告诉他们，这些祝我节日快乐的人，读书的时候是被我漠视的差生，而今依然是默默无闻，无法给我想要的荣耀，他们会笑我以前的没有作为吧？

后来有一次，跟着父亲坐公交，刚踏上车，便听见穿着痞相的售票员很热情地打招呼："王老师好！"父亲抬头看去，却是一脸的迷惑，不知道这个一脸敬意的售票员，是不是在给自己打招呼。直到他过来搀扶住父亲，且高喊，麻烦大家给我这位老师让个座，这才明白他真的是父亲教过的一个学生。一路上，这个售票员一直恭恭敬敬地站在父亲旁边，跟他谈起十年前坐在最后一排的自己，谈起那时的他是多么调皮，又给老师添了多少的烦恼。父亲微笑着听着，但我却明显地觉出，他的微笑里，是有几丝愧疚和尴尬在的。等到下了车，又走了很长一段路，父亲才自言自语似的蹦出一句："为什么总是这些被老师曾不屑一顾过的学生，才会结结实实地将老师记住且尊敬着呢？"

终于明白为什么每次我问起父亲，那些来看他的学生，读书时曾让他怎样地骄傲时，他总是含糊其辞。原来他根本就已忘记了这些卑微的差生，或者他勉强记住的，也只是那些黯淡无光的点滴。他原本和我一样，一直以那些光彩夺目的优生为荣，却戏剧性地在数年之后，被他们完全地忘记。只剩了那些差生，将我们并不高尚的身影牢牢地刻在了心中，且在我们需要帮助的时候，伸出一只卑微又有力的大手。

或许我们会拿而今的教育，来掩盖自己曾有的淡漠。是这种急功近利的方式，让我们把所有的精力，都给了少数可以进入名牌大学的优生，而且人为地给这些成绩优秀的学生，带上包括德育在内的一切光环。可是我们忘了，并不是只有教育，才给了他们一颗只重名利的冷漠的心。恰恰是我们自己，在育人的初始，就忘记了，我们所要给予学生的，不只是成绩，还有比成绩更重要的，那就是平等，善良，仁慈，爱心，珍惜，感恩。

所以没有一个学生，可以让我们忽略和放弃。否则，我们被愈多的差生怀念，优生淡忘，那么，教育给我们心灵的惩罚，也将愈严重。

做一朵不必奔跑的花朵

在学校的食堂里，看到一个女孩，打好了饭，然后排队去领取免费的米粥。她周围的人，皆在悠闲地享受一天里最快乐的吃饭时光。他们或者轻松地说说笑笑，或者开心地哼着歌儿在队伍里等候。有时候他们还会用手里的筷子，敲击着空的盘子，口中念念有词，脚下亦是霍霍生风。而我所看到的这个女孩，左手端着菜盘，右手拿着筷子，只是她没有敲击出一首欢快的曲子，而是风卷残云般迅速吃着，头自始至终都没有看向周围的风景。

不长的队伍，她还没有移动到打饭的窗口，盘中的菜便已经所剩无几。彼时，周围的人正坐在餐桌前，边看着电视里的娱乐八卦，边跟对面的同学评点明星们的服装与妆容。一顿饭，在阳光温暖的窗边，可以散散漫漫地吃上一个小时。青春的影子与银杏干净的叶子一起，映在明亮的窗户上，温柔交织，犹如一行行唯美的诗句，在阳光里绿意葱茏。

可是这个女孩子却是站着，在几分钟的时间里，便将一份饭菜吞进肚中。我猜想她的齿间，定没有留下丝毫的味道。我排在她的后面，注意到她盘中是一份碧绿的油菜，还有莹白的米饭。那青菜的浅香，米饭的芬芳，几乎没有经过细细的咀嚼，便被她囫囵吞枣地吃掉了。那样本该用来细嚼慢咽的餐饭，因为她的匆忙，与她不过是匆匆在齿间相遇，便了无踪影。

那碗免费的汤，她刚刚接到手中，便一路走着喝了下去。我扭头看着她端着空掉的盘子与碗，连在饭桌前休息片刻的时间都没有，径直送到了门口的碗盘回收处，突然便觉得有些难过，为她这样忙碌到连一顿安享美食的时间都不给自己。她不过是一个还在读书的学生，正握着大把最美的时光，可是她却将这样好的年华辜负掉，任自己变成那上紧的发条，一刻不停地在人群中高速地运转下去，直到某一天一个转身，看见那些散落斑驳的时光，竟是了无青春的绚丽颜色。

又想起一个同样将自己当作世界上最忙碌的那个链条，高速运转的朋友。他自诩创下的纪录，是为了赶一个策划，三天三夜没有睡觉。他的房子，在很高档的一个小区里，周围有设施完备的健身房，有优雅的咖啡馆，有安静的酒吧，还有可以席地而坐的书店。可是他天天路过，却从来都没有时间，进去坐上片刻，闲翻一本杂志，或者品一杯绿茶，再或喝一杯咖啡。有一次我去看他，不过是短短的一个小时，他起身接了五通电话，不停歇地讨论需要新做的广告，我点好的一份可口的意大利甜点，他甚至都不曾细心看上一眼，更不必说去品尝那种入口即化的美妙滋味。

熟人中流传着他忙碌到出神入化的一件轶事，说有一日他在办公室里熬夜赶设计，风突然间将门吹开。他以为是某个同事无事造访，便头也没抬请风坐下。等他在风口里坐了半个小时之后，才感觉到寒冷，而后照例不抬头，对一旁空空的椅子道：麻烦你将门关一下好吗？可惜，风听不见他的言语，照例呼呼地灌进来。他终于在一声声喷嚏里，抬起头来，看看空着的椅子和大敞着的门，叹一口气，说：真没有礼貌，来去不打招呼，还连门都不记得关上。

所以等到后来多次同学聚会，他一次都没有去，我们皆不觉得惊讶。倒是偶尔在某个场合碰到了他，右手握着发烫的手机谈论着某个项目，左手朝你伸过来，脸上带着来不及调整的表情。那时候我们总是像遇到了珍稀动物般向他尖叫，不管他能否腾得出口来，与我们说一声“Hello”，或者用一只忘记了温度的大手，拍拍我们的肩头。

像他这样的人，我在有风景的街心花园里，在植满悬铃木的马路边，在有雪花飞舞的冬日街头，在有月光温柔流溢的夜晚，常常都会与他们不期而遇。他们从来都不会留意到我，不知道我站在温暖的阳光下，或者迷人的月光里，有怎样静寂的一颗心。他们只是低头行走，行走，并将自己认定为这个世界上最重要的那个链条，似乎一旦停下，便会让世间所有的事情都瞬间瘫痪，无法运转。

可是我们行在这个世间，其实是多么卑微，当我们走过，不过就是一阵可以忽略不计的风，行过某个繁忙的街头，那被我们掀起的树叶，或者尘埃，只是片刻，便恢复到昔日的模样。

所以不如做一朵花吧，没有脚，不必奔跑，可是，那样静观的美好，哪怕只有片刻，也值得生命为之停留。

我宁肯只是记住你的好

大学快毕业的时候，我去一家事业单位的宣传部实习。这家单位的效益很好，许多人连实习的机会都没有，我当然在进来后拼命地工作和表现，希望在实习结束的时候，领导能看到我的成绩，将我留下来。

带我实习的是一个叫韩文的年轻女子，我称她文姐。看得出来，她和另外一个带实习生的叫张石的男同事关系很紧张，说话常常含讽带讥，彼此不留什么情面。有一次，两个人因为究竟该谁来写一份不署名也不记成绩的材料，脸红脖子粗地争吵起来。没人愿意出来劝架，都装作没听见，各干各的事。我终于觉得坐不住，站起来走到他们身边去，露出一脸谦卑的微笑说："两位老师，能给我个机会锻炼一下，让我来写这份材料吗？"他们两个人几乎同时停下来，惊讶地看着我，韩文毕竟反应敏捷，不失时机地炫耀一句："还是我带的徒弟勤快，小安，这份材料文姐就交给你了，相信你一定会做得非常棒，让领导看了高兴的。"

本来一份对谁都没有什么价值的材料，因为我的插入，反而让韩文在领导面前得到了"带徒有功"的称赞，这是包括韩文在内都没有预料到的。也就是从那一天起，韩文似乎突然发现了我的存在。她对我做过的每一件事不再无动于衷，而是热情地给予鼓励和支持，又把一些能够讨好领导的工作让我去做，时不时地还会当着领导的面提起我的种种优点。这样的变化，我自然是记在心里的，而且亦是无限感激的。一个没有丝毫背景的实习生，能得到领导眼中大红人的帮助和推荐，是我从没有奢望过的。而今，韩文在我通往工作的道路上如此无私地举荐我，不论是谁，都不会漠视这份情的吧。

所以当领导将我叫到办公室，发给我一个红包，并暗示只要我跟着韩文好好干，就肯定会有把我留下的时候，我心底的感动和喜悦几乎无以言表。我首先想到的是请韩文吃饭。没想到韩文却拒绝了，她亲切地拍拍我的肩，说："小安，这份钱你先留着自己用，我原来和你一样，也是一个人闯过来的，知道这其中的辛苦，没有一个支撑，在职场上混，确实很难，但也要记住，人先要帮自己，才能顾别人，这不是与情面相悖的道理。"

这席话，我当时并不是非常明白，但我看得出韩文说这话时的表情，是真挚且诚实的。就冲这几句肺腑之言，我想如果有机会，我也会报答韩文，毕竟，她是我在将要走出校门时，切实给过我帮助的第一个人。

一个月后，张石所带的实习生没给大家告别就去了另一家单位，听说领导已经敲定了最后的人选是我，只是还需要一段时间才能正式公布，但这个消息还是悄悄传了开来。我这个做事一向小心翼翼的实习生，终于被周围的同事慢慢接纳。在走道里碰见了人，总会有人主动打招呼，说："你就是新来的小安吧，听说文笔不错，好好干一定会比我们强哦。"我照例谦虚地笑笑："还希望各位老师多多关照。"但我还是在这些细微的变化里，觉得开心，那种被人认可的快乐与荣耀，任我怎么遮掩，还是不经意地，从言谈举止里表露出来。

与韩文不合的张石，对我也突然热情起来。虽然知道应该与韩文一条心，但想想既然以后会做同事，他对我也从没有过不敬，所以也以同样的热情回应他。相处之后，发现张石其实是个挺大度的人，只是他看不惯韩文的张扬与霸道，所以才处处与她作对。在韩文不在的时候，他还很诚恳地给我的材料提一些意见，让我的进步愈加地明显。

在我马上就要与单位签约的时候，领导开了一次例会。在会上，领导对我所做的成绩给予了很高的评价，最后又开玩笑似的来了一句："不愧是青出于蓝而胜于蓝啊，我看小安的水平比韩文和张石这两位老师都要强啦。"众人皆在这句话后哈哈大笑起来，对面的张石也暗暗朝我伸了伸大拇指，但韩文的脸却明显难看起来。

第二天韩文便找了我麻烦。原因是材料中的一项内容，在初稿时被韩文划掉了，我在整理的时候没有问她也自行地删掉了，结果上报之后被领导撤了下来重改。本不是我的错误，韩文却当着众人的面朝我发了一顿火，说还没有正式留下呢，就骄傲起来，工作如此不负责任，将来还不知道怎样呢。我鉴于她的帮助，当着众人的面很诚恳地进行了自我批评，且没有将她的话放到心里去。但其后的几天，我的失误莫名其妙地越来越多，甚至有一次将刚要上交的一份材料给弄丢了，我明明记得放在韩文桌上的，韩文却硬是说没看见。这样接二连三的失误，终于被领导察觉。结果我不仅被狠狠批了一顿，还被领导警告说，如果再出现类似的错误，合同还是别签了吧。

我在对我愈来愈冷淡的韩文眼里，终于知道自己在这个单位是待不长的，不如就此退出这场争斗的好。直到这时，我才真正明白韩文说的那句话：人先要帮自己，才能顾别人，这不是与情面相悖的道理。这是韩文的处世哲学，在她看来，她所做的一切，从头至尾都是没有错误的。

我走的时候，张石给我从领导那里开了一份成绩优秀的实习鉴定，他还给另一家单位写了推荐信，力荐我去工作。我在返回学校的车上，给张石发短信说谢谢。而后我又亲自打电话给韩文，我说："文姐，谢谢你在实习的时候对我的无私帮助和鼓励，我会永远记住你的好，真的。"那边的韩文该是很惊讶吧，因为她只是尴尬地说了一声："不客气，祝你找到一份更好的工作。"便匆匆挂断了。

或许韩文永远不会明白我为什么在没能留下之后，还要感谢她。但我还是会像说的那样，记住她的好，忘掉她的自私。因为即便是她的这份让我丢掉了工作的自私，也给了我许多的帮助，它让我在初入社会的时候，就学会了要擦亮眼睛，明辨一个人的是与非，且对一切的好，知道感恩。